통나무 2012

시베리아 아무르주 스바보드니(자유시) 제야강. 지휘권 통합의 문제가 원활히 이루어지지 않아 생겨난 혼란 때문에 러시아로 집결한 우리나라 독립군 수천명이 이곳 이국만리에서 어처구니 없이 피흘리며 죽어갔다 (1921년 6월 28일 자유시참변). 2005년 4월, 이곳을 방문했을 때 내 귀에는 희생된 독립군의 피맺힌 원혼의 함성이 들려왔다. 2012년 대선에도 이러한 참변이 다시 일어나지 않기를 바라는 심정에서 나는 이 책을 편다.

도올의 아침놀

김용옥 지음

통나무

— 율곡栗谷 이이李珥의 『동호문답東湖問答』 첫머리에서

동호의 객이 주인에게 물어 말하기를: "고금을 막론하고 치란이 없을 때가 없는데 어찌하면 치治가 되고 어찌하면 란亂이 되오니이까?"
東湖之客, 問於主人曰: "無古今無治亂。若何而治, 若何而亂?"

주인이 대답하기를, "치치함에도 두 종류가 있고, 란亂함에도 두 종류가 있소이다."
主人曰: "所治二, 所亂二。"

객이 묻는다: "무엇을 일러 말씀하시는 것이오니이까?"
客曰: "何謂也?"

주인이 대답한다: "나라의 리더가 재주와 지혜가 출중하여 천하의 영웅호걸을 잘 거느리면 치치하게 됩니다. 자신의 재주가 약간 못 미치더라도 현명한 참모를 잘 쓸 줄 알기만 해도 또한 치치하게 됩니다. 이것이 바로 치치함에 두 종류가 있다는 것이외다. 나라의 리더가 자기의 총명함만을 과신하고 밑에 거느리는 관료들의 고견에 마음을 열지 못하면 란亂하게 됩니다. 또한 간악하고 아첨 잘하는 소인배에게만 의지하여 귀와 눈을 막아 가리우면 란亂하게 됩니다. 이것이 바로 란亂함에 두 종류가 있다는 것이외다."
主人曰: "人君才智出類, 駕馭豪傑, 則治。才雖不足, 能任賢者, 則治。此其所治者二也。人君自恃聰明, 不信群下, 則亂。偏信姦諛, 壅蔽耳目, 則亂。此其所亂者二也。"

【120915-1】
　수탉은 강간하지 않는다. 한 닭장 안의 다른 암탉들이 생식의 준비가 되어있지 않으면 성교를 하지 않는다. 그런데 사람은 어린 학동을 강간한다. 요즈음 한국의 정치는 강간이다. 박정희가 인혁당 사람들을 죽인 것도 강간이다.

【120915-2】
　니체는 확실히 反시대적이며, 反근대적이며, 反사회주의적이며 악덕의 설교자이다. 그러나 이러한 표면적 규정은 정확히 정반대로 뒤집힐 수 있다. 니체는 시대를 앞질렀으며, 근대를 소멸시켰으며, 사회주의가 지향한 진실에 인류가 더 다가가게 만들었다. 그가 설교한 악덕은 인간의 위선의 가면을 벗기는 덕德이다.

【120915-3】
　니체는 너무도 평범한 사람이다. 너무도 인간적인 보통사람이다. 사람과의 정情에 집착하고 그 집착으로 인해 상처받는 너무도 여린

사람이다. 글쓰기에 번뜩이는 천재성은 있으나 광막한 우주를 헤매는 자기 자신을 관조하는 천재성은 없다. 너무도 가슴이 뜨겁기에 그 열기가 관조의 통찰을 살라버린다. 나도 가슴이 뜨거운 사람이라 하는데 니체에 비하면 너무 차가운 것 같다. 그래서 미칠 염려는 없다.

【120915-4】
하도河圖와 락서洛書는 잘 나른다.

【120915-5】
말자도 잘 나른다.

【120915-6】
도덕의 왕국을 이성이 공격할 수 없도록 만드는 장치가 칸트의 『순수이성비판』이라는 니체의 언급은 매우 적확하다. 비판할 수도 없고 공격할 수도 없는 존재의 저 피안에 도덕의 나라를 세운 것은 칸트가 룻소라는 도덕의 독거미에 물렸기 때문이라는 니체의 일갈은 니체가 철학사에 대한 지식이 정밀했음을 말해준다.

【120915-7】
도덕은 느낌의 상식이다. 정감의 훈련이다. 정언명령으로부터 연역되는 것이 아니다. 니체는 말한다: 도덕의 토대를 붕괴시키는 일이야말로 도덕을 지키는 일이다. 나는 말한다: 도덕은 인간의 조건이다. 도덕은 삶의 화음을 지배하는 음정의 원리이며, 똥과 밥에 내재한다.

【120915-8】
 나의 요즈음 대가리는 인류의 언어 쓰레기의 노도怒濤에 휩쓸리고 있다.

【120915-9】
 진리*episteme*도 현실적 힘이 없으면 하나의 억견*doxa*에 그치고 만다.

【120915-10】
 정의와 복지는 평화에 복속된다.

【120915-11】
 안철수가 바라는 것은 니체의 말대로라면 진리가 아닌 힘이다. 그것은 오직 박근혜라는 힘을 꺾는 힘이다. 그것은 민중의 초인적 권력의지라 말할 수 있는 것이다.

【120915-12】
 지금 한국인에게 가장 필요한 것은 자존심이다. 자기 스스로 자기 역사의 진로를 개척할 수 있는 이니시어티브를 지닌 존재라는 자신감을 갖는 것이다. 그런데 애석하게도 한국인은 굴종과 예속과 자기모멸에 익숙해있다. 기독교의 노예도덕이 한국인의 자존심을 앗아갔다. "미국"이라는 주인 없이는 살 수 없는 노예라는 생각에 새우젓이 쩔어있듯이 쩔어있다.

【120915-13】
 미국은 인류의 과거이지 미래가 아니다. 미국사회로부터 우리가 배울 수 있는 미래성은 거의 없다.

【120915-14】
　미국은 자기탐욕의 지배원리에 따라 세계인을 노예화함으로써 자신을 노예화시켰다. 이 세계의 양극구조가 바로 미국 자신의 모습이다.

【120915-15】
　사상은 번득인다. 사상은 영감의 체험이다.

【120915-16】
　미국은 아랍의 분노에 분노하면 안된다. 그것은 너무도 당연한 업보이다.

【120915-17】
　니체는 사상가라기보다는 예술가이다.

【120915-18】
　영원회귀는 사상의 자격이 없다. 삶의 무의미성에 대한 니체의 자신의 끔찍한 느낌일 뿐이다.

【120915-19】
　인간이 곧 신이라는 이 단순한 사실 하나를 받아들이는 데 공포를 느껴야 하는 서구인들은 가련한 인습의 노예들이다.

【120915-20】
　나는 우주의 고아가 되기는 싫다. 나는 고아가 될래야 될 수가 없다.

지구는 태양을 떠나지 않는다. 아니! 떠나가도 상관없다. 또다른 중력에 안착할테니까.

【120915-21】
영원회귀永遠回歸ewige Wiederkunft와 운명애運命愛amor fātī는 상관된다. 그것은 전체를 보는 것이다.

【120915-22】
전쟁을 사랑해서는 아니 된다. 그러나 언제든 전쟁에 임할 수 있다는 각오가 없이는 평화는 유지되지 않는다. 그런 의미에서 니체와 나는 좀 통한다.

【120915-23】
자기를 초월하는 자만이 자기가 될 수 있다. 니체의 초인의 궁극적 의미는 자기초월이다.

【120915-24】
니체의 가련함은 여성을 다루지 못하는 기초적 감정의 미숙함에 있다. 여자 하나도 꼬시지 못하는 자가 어찌 제대로 된 사상을 꼬실 수 있을까보냐? 그의 권력의지는 여자의 권력 앞에 무기력한 초라한 남성의 반사적 동경일 수도 있다.

【120915-25】
꼴리면 감기가 든다. 사랑이란 하찮은 감정에 끊임없이 굴복하는 우리 실존이야말로 영원회귀라 말해야 할 것이다.

【120915-26】
 니체의 광기는 루 살로메의 너무도 야비한 배신이 선사한 것이다. 니체는 너무 인간적으로 미숙했고 여렸다. 니체는 루 살로메의 육체를 구성하는 모든 세포를 정복했어야 했다. 그리고 유감없이 떠나보내야 했다. 그러나 그것은 눈이 움푹 파이고 턱이 나온 니체의 천성 밖의 능력이었다.

【120915-27】
 이성異性에 패배한 인간은 모든 것에 패배한다.

【120915-28】
 글을 쓰려면 피로 써라.

【120915-29】
 니체의 초인은 동방의 "성인聖人"과 같은 맥락에서 이해할 수도 있다. 그러나 초인은 외재적 초월의 결과이고 성인은 내재적 초월의 결과이기 때문에 그 이야기되는 맥락이 다르다. 다시 말해서 초인의 인人은 비열하고 성인의 인人은 거룩하다.

【120915-30】
 중력은 악령일 수도 있지만 대지의 축복일 수도 있다.

【120915-31】
 니체의 "최후의 인간"은 초인의 대척점에 있다. 그것은 공·맹이 말

하는 "향원鄕原"이다.

【120915-32】
 민주주의는 향원의 평범성의 산물이다. 우리는 그러한 민주주의의 신화에 함몰되어서는 아니된다.

【120915-33】
 우리가 선거를 통하여 원하는 것은 "초인"의 선출이다. 선거는 평범한 다수결의 결과가 아니다. 그것은 시민의 혁명이 되어야 한다.

【120915-34】
 이 우주에 동일한 사태의 반복이라는 것은 존재할 수 없다. 마찬가지로 인생의 과정에 있어서도 동일한 사태의 반복이란 있을 수 없다. 그러나 영원회귀라는 것은 인생의 해프닝을 내가 동일한 사태의 반복이라고 느끼는 것이다. 동일한 사태의 영원한 반복은 매우 끔찍한 것이다. 그만큼 니체의 삶 그 자체와 그의 시선은 메말라 있었다. 그러나 그 영원회귀를 긍정적으로 대면한 니체의 삶이야말로 초인적이라 말할 수 있다.

【120915-35】
 박정희는 또다시 회귀해야 하는 것일까? 다시 말해서 박정희를 둘러싼 시대상황의 죄악이 또다시 회귀해야만 하는가? 그 회귀를 운명으로서 수용해야 하는가? 니체의 영원회귀와 운명애는 이런 맥락에서 함부로 긍정될 수 있는 사상이 아니다. 그것은 『주역』「계사」의 한

줄의 불완전한 각주의 가치조차 지니지 못하는 것이다. 신이 사라진 우주의 무의미성을 동일한 것의 영원회귀로 인식하는 허무주의는 근원적으로 비창조적인 것이다. 박정희는 되돌아와서는 아니 된다.

나의 닭장을 장악하는 수컷의 계보는 1)메시 2)줄루 3)콥타 4)유비有斐 5)패연沛然 5대에 걸치고 있다. 이 사진의 주인공은 제3대 콥타. 장엄하게 생겼는데 너무도 착하고 민주적인 리더였다.

암탉은 자기 새끼만을 보호한다. 그래서 닭 사회의 리더가 되지 못한다. 그러나 수탉에게는 본능적인 리더십이 있다. 자기가 거느리는 모든 닭의 안위에 관심을 갖는다. 위기상황이 닥치면 혼자 분주히 방어와 공격에 즉각 나선다. 그리고 먹이를 양보할 줄 안다. 대인大人의 우환憂患 같은 것이 있다.

【120916-1】
 아침에 잠을 깼다. 밤새도록 중간에 잠을 깨지 않고 숙면한 것 같다. 그런데 나는 이렇게 외치면서 일어났다: "조선왕조의 핵심은 대동법의 공평한 실시여부에 있었다." 내가 무슨 꿈을 꾸었는지도 기억이 없다. 꿈과 연관되어 외친 소리 같은데 참으로 기묘하다. 그러나 그 메시지가 내 의식에 명료하게 새겨져 있었다. 대동법이란 세제의 합리화를 의미한다.

【120916-2】
 결국 한 나라는 국고가 비면 망한다. 조선왕조는 결국 국고가 텅 비었기 때문에 망한 것이다. 이명박 정부는 대한민국을 망하게 만들었다. 국고를 비우는 데만 총력을 기울이고 국고를 채우는 데는 아무런 창조적이고도 생산적인 일을 하지 않았다.

【120916-3】
 우리나라의 가장 큰 문제점은 미래를 위한 기초적·창조적·정신적

투자가 없다는 데 있다.

【120916-4】

　니체는 근대이념으로서의 민주주의가 인간을 범용의 평등에 귀속시키는 무리짐승의 도덕이라고 비판하고 그것은 기독교의 유산을 상속받은 것임을 지적하고 있다. 니체는 『구약』이 공포와 외경을 느끼게 하는 장대한 영웅주의의 소산임에 비하여 『신약』은 사랑과 온유와 동정을 가르침으로써 인간을 왜소하게 만드는 노예도덕의 산물이라고 말한다.
　그러나 오늘 대한민국의 기독교는 민주주의의 본질을 왜곡하는 이념일 뿐이다. 니체의 기독교 이해는 예상보다 매우 소프트하다. 신을 살해하는 그가 막상 생각하는 기독교의 죄악이란 매우 나이브한 것이다. 그는 서구문명의 총체적 실상조차 정확히 파악하지 못했다.

【120916-5】

　니체는 권력의지와 초인을 사랑하기 때문에 인간세의 불평등을 찬양한다. 여성해방도 여성적 본질의 파괴일 뿐이다. 여성은 아이 낳는 도구로서만 자신의 완벽함을 성취할 수 있는 존재로 생각해야 한다고 말한다. 민주주의, 민족주의, 사회주의, 여성해방, 그리고 휴매니즘 같은 모든 근대적 이념을 부정하는 니체의 반시대적 급진주의는 니체가 처한 특수한 시대상황 속에서, 그리고 그의 사상의 고립된 정합성의 구조 속에서 충분히 이해될 수 있다. 그러나 그의 왜곡된 세계관 속에서 터져나오는 문학적 언어를 문학 이상의 무엇으로서 긍정할 수는 없다. 단지 "고통의 분담"이라는 도덕이 가장 본질적인 도덕인 것처럼 떠받들며 과거의 모든 죄악의 사면인 것처럼 생각하는 것을 비판하는 그의 절규는 긍정할 만한 요소가 있다. 인간은 결코 인간의 고통을 분담하지 못한다. 우리가 인간에게 해줄 수 있는 것은 분담이나 동정이나 사랑이 아니라, 모든 인간이 스스로를 구원할 수 있는 사회체제를 만드는 것이다. 용산참사의 구체적 행위에 대한 시시비비를 논하기 전에 용산개발 자체를 하지 말았어야 한다.

【120916-6】
 문명에 대한 반문명의 가치를 동시에 고려하지 않는 민주주의는 민주주의가 아니다.

【120916-7】
 니체는 민주주의라는 대세의 흐름을 인정했다. 그리고 민주주의의 홍류 속에서 반드시 민주주의의 가치를 부정하는 압제자가 출현하여 사태가 역전되리라고 관망했다. 민주화는 노예제도에 부합하는 인간형을 낳는다. 민주화는 본의 아니게 압제자의 양성을 준비한다. 민주주의는 민주주의 흐름 속에서 압제자를 양성하여 그 토대를 허물어버릴 것이라고 전망했다. 해방 후 우리나라의 민주주의의 흐름 속에 니체의 전망이 구현되는 측면이 있다는 사실을 부정할 수 없다.

【120916-8】
 민주주의는 그 자체로서는 전혀 믿을 것이 못된다. 단지 민주주의라는 제도를 활용하는 사람의 비젼이 보다 보편주의적 인도人道의 이상을 구현하고 있을 때, 어느 제도보다도 안전한 성격이 있다는 것일

뿐이다. 민주주의는 민주주의를 넘어서는 확고한 비젼을 가진 자가 운영해야 한다. 민주주의라는 제도에 매몰된 자는 항상 최악의 기회주의적 진로를 택할 뿐이다.

【120916-9】
 안철수는 범용과 순결의 이미지를 뛰어넘는 카리스마를 창출해내야 한다. 부드러운 포용만을 표방하면 곧 뇌사餓死한다.

【120916-10】
 니체가 말하는 강자의 본질적 특성이란 독립獨立이다. 홀로서기는 지난至難하다. 조국에 매여서는 아니 된다. 연민에 매여서는 아니 된다. 학문에 매여서는 아니 된다. 자기초월에 매여서는 아니 된다. 더 높이 비상하려고 욕심부리는 새처럼 비상의 함정에 빠져서는 아니 된다. 자신의 미덕에 매여서는 아니 된다. 자기 자신을 보존하는 것을 알아야 한다.

【120916-11】
 노자도 "독립獨立"을 말한다. 자신을 둘러싼 모든 개념의 허구에 기만당하지 않을 것을 요구한다.

【120916-12】
 니체가 말하는 주인도덕이란 단순히 외면적인 지배자의 도덕을 의미하는 것이 아니라 인간 내면의 성장과 향상을 의미하는 것이다.

【120916-13】
 우리의 나태한 정신을 일깨우기 위해서는 영원히 반시대적이고 반사회적인 니체를 읽을 필요가 있다. 그는 결코 나치가 아니다.

【120916-14】
 그토록 반인간적인 언어를 자유롭게 내뱉을 수 있는 인간적인, 너무나 인간적인 니체의 광기를 우리는 의식의 한 구석에 포용할 필요가 있다.

【120916-15】
 큰 고통은 고귀함과 비범함을 낳는다. 이것이 니체가 가장 하고 싶었던 말이다.

【120916-16】
 나는 10대·20대, 범인이 상상할 수 없는 고통을 겪었다. 그러나 나는 그 고통의 순간들을 니체처럼 철학화할 줄을 몰랐다. 예수의 발견과 동시에 노자를 발견함으로써 나의 고통은 자연自然, "스스로 그러함"으로 승화되어 갔다. 니체를 연민한다. 니체를 생식하는 서구문명을 연민한다.

【120916-17】
 니체를 플라톤과 비교하는 것은 넌센스이다. 그 반민주주의적 성격의 냄새가 전혀 다르다.

【120916-18】
니체가 비판하는 기독교는 아직 상업화되지 않은 기독교였기에 그 부정성 속에 순결한 덕성을 보존하고 있다. 노예도덕의 반면에는 민중의 숭고함이 자리잡고 있다.

【120916-19】
니체가 말하는 민주주의는 제도가 아닌 철학적 환상이다.

【120916-20】
니체라는 미치광이의 언어의 매력은 미치광이가 아니면 발할 수 없는 것이다. 그래서 미칠 수 없는 범용한 인간들을 미치게 만든다. 그런데 나는 불행하게도 너무 멀쩡하다.

【120916-21】
니체가 말하는 범용의 저주, 그것은 민주주의가 오늘날 조선의 젊은이들에게 범하는 죄악의 한 단면을 날카롭게 드러내고 있다.

【120916-22】
문재인의 발목을 잡고 있는 것은 국민의 눈에 비친 민주통합당의 안일하고 구태의연한 모습이다. 율곡이나 다산이 끊임없이 외쳐온 "**경장**更張Reformation"의 요구가 어느 때보다도 절실하다. 문재인을 띄우고 싶으면 단호하게 현재의 당지도부가 후퇴하면서 당내의 전면적 쇄신을 감행해야 할 것이다.

락서와 하도. 계림의 귀염둥이

【120917-1】
　연예인들도 이제는 연줄이나 따지고 성형이나 할 시대가 아니다. 자기 내면의 개발에 힘써야 한다. 싸이의 성공은 오직 그가 그의 인생을 성실하게 살았기 때문이다. 싸이는 고통 속에서, 시대의 상식을 거스르며 실력을 쌓았다.

【120917-2】
　싸이는 고통과 대면하면서 정직하게 그것을 극복했기 때문에 감정이 안정되어 있고 모든 상황에 즉하여 여유가 있다.

【120917-3】
　싸이는 언어 이전의 언어로써 인간의 원초적·보편적 공감을 자아낸다. 싸이의 "강남스타일"은 문명 이전의 동작, 소리, 리듬이다. 그리고 그 가사를 씹어보라: "이때다 싶으면 묶었던 머리푸는 여자, 가렸지만 웬만한 노출보다 야한 여자. 점잖아 보이지만 놀땐 노는 사나이, 근육보다 사상이 울퉁불퉁한 사나이. 뛰는 놈 그 위에 나는 놈, 나는 뭘 좀 아는놈."

가사에 배인 감정적 반전의 깊이가 지구 한 바퀴를 돌고도 남는다.

【120917-4】
하루를 건강하게 산다는 것, 그것은 인간의 최대 문제상황이다. 매일 아침 그것을 검증할 수 있다.

【120917-5】
우리는 내성외왕內聖外王을 바랄 수 있도록 진화되어 있다.

【120917-6】
오늘 니체전집을 덮는다. 니체전집이 나의 사유의 사정권에 들어올 수 있도록 만들어준 고명섭高明燮동지에게 충심으로 감사의 념을 표한다. 그는 한국어로 니체의 전부를 소화한 유일한 심령이다.

【120917-7】
니체는 영감이고 삶의 자극일 뿐이다. 니체를 연구한다는 것은 미친 짓이다.

【120917-8】
니체는 도덕의 파괴자이고 나는 도덕의 건설자이다. 아니, 도덕이라는 개념의 정의가 다르다. 니체는 도덕의 종점에 서있다. 나는 도덕을 끊임없이 무無로부터 출발시킨다.

【120917-9】
니체는 예수에 짓눌려있다. 나에게는 예수라는 존재의 하중이 근본적으로 느껴지지 않는다.

【120918-1】

 아름다운 잠을 잔다는 것은 참으로 어려운 일이다. 잠이란 나에게 부활을 체험하는 일이다.

【120918-2】

 문재인이 민주통합당 대통령후보 수락연설을 하면서, 자신은 취임식 때 북한 경축사절의 참석을 위하여 특사를 보내겠다는 것, 그리고 취임 첫 해에 반드시 남북정상회담을 실현시키겠다고 공언했다. 참으로 위대한 발언이다. 그를 축복한 모든 사람의 갈채를 받았다. 이 발언은 우리나라 정치인이 여태까지 한 말 중에서 가장 고귀한 정신을 드러내는 명언이라 할 것이다. 언론이 문재인을 헐뜯으려고만 하고 그의 이 담론에 깔린 세계사적 전환의 계기를 포착하지 못한다. 슬픈 일이다.

【120918-3】

 내일 오후 3시 안철수가 충정로 구세군아트홀에서 대통령출마선언을 한다고 한다. 모든 사람의 관심이 집중될 것이다. 안철수는 일단 세인들로 하여금 안달하게 만들었고, 기다리게 만들었고, 비방하게 만들었다. 이 연출은 범인이 자행할 수 있는 연출이 아니다. 안철수가 매우 평범한 사람일 수는 있어도 그를 움직이고 있는 기운은 헤겔의 말대로 "이성의 간교List der Vernunft"라 해야 할 것이다.

【120918-4】
 안철수는 특정 종교에 대한 콤미트먼트가 없다. 일차적으로 그가 종교인이 아니라는 그 한 사실만으로도 그는 위대한 정치인이 될 자격이 있다. 종교는 존재의 허약이며 영혼의 굴복이며 허구에 대한 굴종이다. 정치란 지배의 논리이며, 지배란 일차적으로 자기를 지배할 능력이 있어야만 하는 것이다.

【120918-5】
 특정 종교에 대한 콤미트먼트가 없는 그가 "구세군" 회관을 택한 것은 재미있는 언어전략이다. 우선 군대Army라는 강력한 이미지가 있다. 그리고 "세상을 구한다"는 소명의 언어가 들어있다.

【120918-6】
 내일 3시 그의 발표를 나는 지켜볼 것이다.

【120918-7】
 모든 사람이 그렇게 주목하는 역사의 한 순간이 될 것이다.

【120918-8】
 희망을 갖는다는 것은 아름다운 일이다. 희망은 존재의 최소한의 의무에 속하는 일이다.

【120918-9】
 컴퓨터게임처럼 사악한 것은 없다. 컴퓨터게임을 제조하여 돈을 버는 기업가들은 모두 악덕상인이다. 이 사회에서 용인해서는 아니 되는 악덕상인으로 규탄해야 한다.

【120918-10】

어제 아내의 조카 둘이 나에게 인사하러 왔다. 유학중인데 잠시 귀국했다가 다시 떠나기 전에 인사하러 온 것이다. 이 조카 둘은 너무도 머리가 좋다. 나의 처의 외할아버지가 비상한 천재였는데 독립운동에 헌신하다가 서대문형무소에서 최후를 마치었다. 그런데 얘기를 들어보면 그는 보통 천재가 아니었던 것 같다. 그 피가 나의 자식들에게는 아니 오고 그 두 조카들에게로 내려간 것이다.

【120918-11】

그런데 그 중 한 놈이 컴퓨터게임에 중독되었다. 대단히 머리가 비상해서 게임의 상당한 경지에까지 오른 모양이다. 그런데 그 게임중독으로 인해 그 인생이 절단났다. 그리고 가정에도 문제가 생겼다. 부모는 그 아이의 어린 시절부터 게임 중단에 매달렸으나 그것은 불가능한 일이었다. 미국 학교에 보냈어도 게임은 계속되었고, 어떠한 새로운 환경과 교사의 권유에도 그의 벽은 고쳐지질 않았다. 마지막 수단으로 군대를 보냈는데, 군복무기간에도 컴퓨터와 살아가는 직종을 얻어 결코 끊질 못했다. 부모는 그 아이 하나의 삶을 건강하게 이끌어 주지 못한다는 죄책감에 계속 시달려야 했다. 부모의 청춘이 그 게임 파탄으로 너무도 덧없이 흘러갔다. 부모는 마음이 삭아 내렸다. 나는 오랜 시간 그 얘기를 듣기만 했고 방관자적 입장에 있을 수밖에 없었다. 바로 그 조카가 어제 나를 방문한 것이다.

【120918-12】

나는 그 조카를 붙들고 간곡하게 대화를 했다. 컴퓨터게임은 픽션의 세계며 환영의 세계이며 리얼한 삶이 아니라는 것을 끊임없이 대화를 통해 확인시켰다. 사악한 사교의 꼬임에 빠진 것보다 더 극악한 타락이라는 것을 각인시켜 주었다. 조카는 순간순간 삶이 무의미하게 느낄 때 게임보다 더 매혹적인 끌림을 발견할 수 없다고 말했다. 그 악순환의 회귀가 끊임없이 발생하는 것이다. 니체의 영원회귀가 이런 것일까? 아니다!

【120918-13】
　컴퓨터게임은 혼자의 의지로 끊지를 못한다. 조직의 멤버로 활약하면서 그 집단의식에 굴종할 수밖에 없는 것이다. 내 나이가 되어도 소식少食하나 완벽하게 실천하지 못하는 내 자신의 나약의 영겁을 이야기해주었다. 그리고 결국 컴퓨터게임의 단절은 스스로의 의지밖에는 없다고 말해주었다. 니체가 권력의지를 말했다면 그처럼 강렬한 단절의지를 스스로 발하는 것밖에는 다른 묘수가 있을 수 없다. 그것이 청춘의 힘이다. 결단의 의지, 그것이 청춘이 아니고 무엇이랴!

【120918-14】
　스스로의 의지가 정립되면 절대 타인에게 그 의지를 표명하지 말라! 스스로에게만 다짐하라! 그리고 전화번호를 바꾸고 팀들이 연락할 길을 차단시켜라!

【120918-15】
　소리없이 증발해버려라! 그 이상의 호전략은 없다. 그리고 자신과의 투쟁을 전개하라! 여성과의 연애를 거는 것은 아무리 비참한 결말이 도래하더라도 그것은 피와 살이 움직이는 리얼한 체험이다. 그 상처와

고통을 통해 인간을 배우게 된다. 그러나 게임은 너의 삶을 팬텀의 성벽 안으로 자취없이 도둑질해간다. 그리고 피폐해져가는 육신만 남는다.

【120918-16】
　나의 권유가 조카에게 무엇을 던져주었는지 나는 알 바가 없다. 그런데 육감적으로 그가 나의 언어를 통하여 어떤 깊은 충격을 받았다는 것을 감지할 수 있었다.

【120918-17】
　그 다음날 아침, 조카는 자기 아버지에게 생전 처음 스스로 "컴퓨터게임을 다시는 하지 않겠다"고 고백했다고 한다. 그 순간 그 집안은 울음바다가 되었다.

【120918-18】
　그가 과연 컴퓨터게임의 마수로부터 성공적으로 해탈할 수 있을지는 내가 확언할 수 없다. 그러나 그는 과학자로서의 자기 삶에 대한 새로운 열망을 불태우기 시작한 것만은 확실하다. 그는 천재다. 지금부터 정신만 차리면 인생은 곧 보상될 수 있다. 나는 그에게 그동안 썩어 문드러진 부모의 마음을 전해주었다.

【120918-19】
　그가 내 말을 듣고 비로소 부모의 눈물을 흘리게 했다고 보지는 않는다. 스스로 컴퓨터게임으로부터 해방되고 싶은 열망이 충분히 축적되어 있었던 것이다. 그는 스스로 결단한 것이다. 그 스스로의 결단을 나는 촉구한 것 뿐이다.

【120918-20】
　나의 강의를 듣는 학생 중에도 평생을 컴퓨터게임에서 벗어나지 못해 정상생활을 하지 못한 한 청년이 있었다. 이 청년이 나에게 자신의 망가진 삶을 고백하는 장문의 편지를 보내왔다. 그런데 이 청년은 나로 인해 한학의 묘미에 강렬한 흥미를 느끼고 있었다. 그리고 한문번역가로서의 생애를 살고 싶다는 새로운 소망을 발견했다는 것이다. 이 청년도 나로 인해 게임중독에서 벗어났다. 그리고 한국고전번역원 연수과정에 들어가 게임을 하듯이 한문에 중독되고 싶다는 열망을 불태우고 있다. 그의 자질을 검증해보건대 그는 분명 위대한 한학자가 되리라고 나는 확신한다.

【120918-21】
　나는 스티브 잡스를 존경하지 않는다. 그는 희대의 사기꾼이다. 그는 시대를 거스른 인물이 아니라 시대의 흐름에 누구보다 효율적으로 영합한 인물이다. 그는 미국과 한국의 언론이 합작하여 만들어낸 우상일 뿐이다. 그는 인류에게 영예로운 가치를 선사하지 않았다. 자기가 만든 화면에 모든 지구상의 아해들을 예속시키고 돈을 벌었을 뿐이다. 그는 돈을 벌었을 뿐, 돈을 뛰어넘는 가치를 창조하지 않았다. 그는 자본의 우상일 뿐이다. 그가 혁명한 것은 아무 것도 없다. 오직 효율적 도안만 수행했을 뿐이다.

【120918-22】
　한국의 젊은이들이 스티브 잡스를 배워서는 아니 된다. 한국의 젊은이들은 그처럼 무無로부터 성공하고 싶은 것이다. 그런데 그의 성공신화는 알고보면 결국 돈을 잘 번다는 것일 뿐이다.

【120918-23】

 오늘 박석무와 저녁을 먹었다. 내가 외부에서 사회인과 저녁식사를 나누는 시간을 갖는다는 것은 거의 있기 어려운 상황이다. 그런데 어쩌다가 그렇게 휩쓸리게 되었다. 박석무 선생은 나보다 학번이 4년 위인데 요즈음은 친구처럼 지낸다. 그런데 그로부터 가슴 찔리는 소리를 들었다.

【120918-24】

 박석무는 박정희유신반대를 위하여 극렬한 투쟁을 벌인 사람이었다. 그래서 옥고를 치렀다. 그는 70년대 초반 이미 광주에서 투사의 높은 반열에 올랐다. 때마침 그는 전남대 법학대학에서 『다산 정약용의 법사상』에 관한 논문으로 석사를 마치었기 때문에 교수로 임용될 수 있는 자격이 있었다(당시에는 석사만 끝내고 교수로 임용되곤 했다).
 그래서 전남대 법대에서 그를 교수로 임용하려고 하자 주변에서 "전남대를 모스크바대학으로 만들려느냐"하고, 또 "어떻게 빨갱이를 대학 안으로 들여놓느냐"하고 반대가 심했다고 한다.
 그런데 당시 유기춘 총장은 폭이 넓은 사람이었다. 그래서 유기춘 총장은 이러한 문제와 관련해서 가장 실권자였던 중앙정보부 전남국장을 만났다. 당시는 중정이 모든 것을 좌지우지했다. 유기춘은 술도 잘 먹는 사람이고 교제의 폭이 넓었다.
 그래서 중정 책임자와 술자리를 하면서, "내가 사태를 잘 마무리짓고 전남 민심을 잘 이끌어가려면 박석무 같은 인재를 대학으로 끌어들여 포용해야만 한다"라고 설득했다고 한다. 그래서 중정 국장의 동의를 얻어냈지만 단 하나의 조건이 있었다. 각서였다.

【120918-25】
　유기춘 총장은 박석무를 총장실로 불렀다. 그리고 일이 다 잘 마무리 되었으며, 모두가 최선의 노력을 다했으며, 그대를 교수로 임용하기로 하였다고 하면서 이것만 서명해달라고 미리 적은 종이를 책상 위에 내놓았다. 그 내용인즉 매우 소박한 최소한의 언어였다: "교수로서 사회적 발언을 자제하고, 학업에만 전념하겠습니다."

【120918-26】
　총장실에서 총장이 이 정도의 각서를 내놓는다는 것은 최소한의 고육지책이다. 그리고 당시 국립대학 교수가 된다는 것이 결코 쉬운 일이 아니다. 내가 그렇게 호의적인, 사려깊은 총장이 내놓는 각서를 대면하는 상황에 직면했다면 어떻게 행동했을까? 참으로 자신이 없다.

【120918-27】
　그런데 박석무는 즉각적으로 담대하게 이야기했다: "총장님! 교수가 된다는 것, 다시 말해서 학문을 한다는 것은 그 자체가 사회적 발언을 하기 위한 것입니다. 사회적 발언이 없이 어떻게 학생을 참되게 지도할 수 있겠습니까? 조금만 제가 사회적 발언을 해도 저 부드럽게 보이는 각서의 언어를 빌미 삼아 저에게 올가미를 씌울 때 무슨 변명이 있을 수 있겠습니까? 저는 서명할 수 없습니다." 그리고 박석무는 총장실을 나섰다.

【120918-28】
　저녁식사 자리에 동석하여 이 얘기를 듣는 사람들이 모두 코믹하게 그 각서에 싸인을 했어야 옳다고 말했다. 나는 박석무에게 정색으로

말했다: "그대가 그 각서를 거부한 순간이야말로 우리민족 지성사를 성스럽게 만든 한 순간으로 기억되어야 하오. 나는 당신이 자랑스럽소."

【120918-29】
 박석무는 말한다: "내가 그렇게 행동할 수 있었던 것은 어려서 한학의 대가였던 조부와 부친에게서 『맹자』를 배웠기 때문이오. 『맹자』의 대장부론이 박정희유신과 전두환의 흉계와 맞붙어 싸울 수 있는 정의감의 원천이 되었소."

【120918-30】
 기억하자! **부귀불능음**富貴不能淫, 부귀도 나를 타락시키지 못한다. **빈천불능이**貧賤不能移, 빈천이 나의 지조를 바꾸지 못한다. **위무불능굴**威武不能屈, 국가의 위세나 어떤 무력의 강함도 나를 굴복시킬 수 없다! 박석무는 말한다: "당신의 『맹자, 사람의 길』은 온국민이 읽어야 할 이 시대의 필독지서요."

【120918-30】
 일제시대에 일본경찰이 조선의 학도들의 충성을 강요하는 연설을 하게 하려 한국의 정신적 지도자를 방문하면 여러 가지 유형의 반응이 있었다. 춘원 이광수에게 몇 월 몇 시에 어디로 나오라고 하면 춘원은 반드시 거부반응을 표했다고 한다. 그런데 실제로 그곳에 가보면 춘원은 어김없이 나와 있었다고 한다. 그런데 몽양 여운형에게 몇 월 몇 시에 어디로 나오라고 하면 몽양은 웃으며 꼭 나가겠다고 안심시키고 돌려보냈다고 한다. 그런데 실제로 그곳에 가보면 몽양은 자취를 보인 적이 없다.

【120918-31】

젊은이들이 몽양을 잘 모른다. 그러나 이 사실 하나만 꼭 기억해주었으면 한다. 3·1운동이라는 세계사적 한민족 거사는 당시 상해上海에서 유학하고 있었던 몽양이라는 청년의 국제정세를 통찰하는 비전으로부터 구체화되어 나간 것이다. 그가 조직한 6명의 신한청년단新韓青年團이 그 출발점이었다. 그는 윌슨 미 대통령의 특사를 상해에서 개인적으로 만났다. 3·1운동 와중에도 일본인들은 그가 핵심인물이라는 것을 알았다. 회유책으로 일본정부는 그를 초청하여 동경 최상의 호텔인 제국호텔에서 강연회를 열었다. 500여 명의 명사와 세계 각국의 기자들이 모인 자리에서 그는 당당하게 외쳤다: "장래 한국민족은 신세계 창조의 역사적 한 페이지를 반드시 장식할 것이다. 세계사의 기운과 함께 일어난 3·1독립만세가 그것을 입증하고 있다. 주린 자는 먹을 것을 구하고 목마른 자는 마실 것을 찾는 법. 그것은 자연의 이치가 아닌가? 그것은 생존의 자연적 발로이다. 일본인에게 생존권이 있을진대 조선민족에게도 생존권은 있다. 생존의 자유와 평화의 존속을 위해 민족독립을 희구하는 것은 하늘의 섭리이다. 일본은 천리天理를 역행하고 있다. 왜 일본은 생존을 위하여 자유와 독립을 갈망하는 조선인들을 총검으로 탄압하는가? 한일합병은 순전히 일본의 이익만을 위해 강제된 치욕의 유물이다. 일본은 조선의 독립을 승인하여 세계인의 불신에서 벗어나 동양의 평화와 세계평화를 이룩해야 한다. 우리가 건설하려는 새 나라는 주권재민主權在民의 민주공화국이다." 통쾌한 일갈이다. 초청한 장본인들은 낯빛이 새파랗게 질려버렸다. 여운형은 감옥에 가기는커녕 하룻밤 사이에 전 일본의 영웅이 되어 있었다. 당시 몽양의 나이 불과 33세.

【120919-1】

아침에 정봉주 부인으로부터 연락이 왔다: "정봉주가 옥중에서 선생님께 편지를 썼습니다." 나는 내 연구소 주소로 우송하라고 했다. 그랬더니 그 부인이 다시 말했다: "반드시 찾아뵈옵고 전달해드리라고 했습니다." 오늘 오후 5시에 만나기로 했다.

【120919-2】

오늘 안철수가 대선출마선언을 하면 "천하삼분지계"의 정립鼎立형국이 된다. 그러면 박근혜는 독주의 여왕으로부터 갑자기 3주자의 한 사람이 되고 마는 전락을 극렬하게 체험할 것이다.

【120919-3】

박근혜에게는 무수한 반전의 카드가 있다. 박근혜는 생존전략에 있어서는 천부적인 소질과 후천적인 습득의 영감으로 가득 차있다. 그러나 박근혜는 경직된 자기관념의 포로가 되어있다. 스스로 깨기 전에는 아무도 깨질 못한다. 특별한 권좌의 집에서 태어난 한 여성으로서의 삶의 한계가 너무도 체질화되어 있다. 과연 박근혜가 앞으로 자기관념을 자유롭게 유희할 수 있는 여백을 지닐 수 있을까? 그렇지 못하다면 결국 동사凍死할 수밖에 없다.

【120919-4】
 한국인은 역사를 희화할 줄 안다. 한국인에게, 대선이야말로 손에 땀을 쥐게 하는 최대규모의 실전드라마라고 할 수 있다. 앞으로 석 달 동안 한국인은 대선드라마의 스릴 속에서 살게 될 것이다.

【120919-5】
 안철수의 대선출마선언을 꼼꼼히 지켜보았다.

【120919-6】
 졸려서 한 10분 잤나보다. 정봉주 부인이 왔다. 불쑥 내민다. 누런 큰 봉투에 접지 않은 채로 들어있는 4장의 편지였다. 깨알같이 손으로 직접 쓴 편지, 오랜만에 받아보는 진실이다. 편지지 윗가장자리면에 글루가 붙어있는 것으로 보아 낱장을 뜯지 않고 그대로 정서한 것이다. 재미있는 것은 편지지의 칸이 인쇄된 면에 글을 쓰지 않고 그 뒷면에 썼다는 것이다. 격식에 사로잡히고 싶지 않은 그의 인품을 나타낸다고 할 것이다. 더 중요한 것은 내용이다. 보통 사람들이 나에게 사신을 보낸다 하면 자기과시적인 이야기나, 엄숙한 사상적·정치적 담론을 이야기하려 들 것이다. 정봉주의 편지는 『맹자, 사람의 길』과 『사랑하지 말자』를 읽고나서 그 감동을 표현하지 않고서는 배길 수 없는 그 순결한 열정을 그대로 꾸밈없이 그려낸 것이다. 보탬도 없고

뺌도 없이 여여如如한 감정이 그대로 노출되어 있다. 참으로 내가 이 세상에 태어나서 오랜만에 받아보는 "순수의 시대"였다.

그 편지는 공개되어도 본인에게나 우리시대의 모든 사람들에게 부끄럼 없는 좋은 일이라 생각되어 여기 적어놓는다(부인을 통해 허락을 얻다).

도올 선생님

홍성교도소에 있는 정봉주입니다. 선생님께서 직접 싸인해서 넣어주신 책 잘 읽었습니다. 감사합니다. 선생님께서 『맹자』를 아름다운 우리말로 역주하신 『맹자, 사람의 길』 상·하권을 다 읽은 뒤 편지 드리려고 했으나 선생님의 높고도 깊은 사고체계에 기가 죽어서, 저의 얕고 천박함이 드러날까 두려워 차마 편지를 드릴 수 없었던 것이 솔직한 심정이었습니다. 하지만 이번에 보내주신 『사랑하지 말자』를 마저 읽고는 더 이상 편지를 쓰지 않는 것은 인간의 도리가 아니라는 생각이 들어, 감사의 인사를 전하기 위해 펜을 들었습니다.

『맹자, 사람의 길』, 책을 들기 전에는 조금 어렵고 답답할 거란 생각을 했습니다. 하지만, 읽기 시작하면서 너무 재미있게 흥미진진하게 빠져들었고 감동으로 끝을 맺었습니다. 마치 한 편의 웅장한 대하드라마, 무협지를 보는 듯한 착각으로, 양혜왕을 시작으로 각 왕들과 주고받는 대화는 인간 본성本性에 대한 것을 주제로, 용호

상박의 기가 흐르는 대서
사시와도 같았습니다. 학문
의 깊이가 짧다보니, 비유가
적합할지는 모르지만, 마치
어렸을 때 보았던 이소룡
주연의 영화를 보는 듯한,
그리고 성인이 되어서는 주
윤발 주연의 홍콩 느와르
영화를 보는 듯한, 감동 그

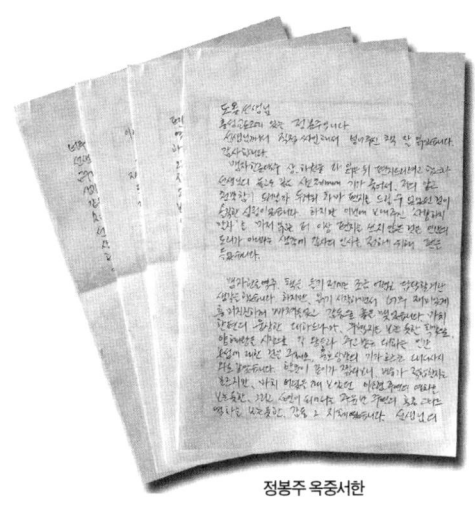

정봉주 옥중서한

자체였습니다. 선생님의 펜 끝에서 살아나는『맹자』는 흥미진진한 한 편의 드라마였습니다. 책을 보면서, 너무 감탄하고 재미있다고 하니깐, 제 담당교도관이 자기도 좀 빌려달라고 해서 그러마 했습니다. 책을 꽤 많이 보는 분인데 맹자 상권을 잡고 약 3주를 끙끙 거리며 씨름을 하더군요. 안쓰러워서 제가 하권은 제자들과 하는 대화이니 별로 재미가 덜하다고 보지 말라고 했더니 안도의 한숨을 쉬더라구요. 뒤에 들은 얘기이지만 제가 없을 때 다른 사람들에게 이렇게 어려운 책을 재미있다고 하니, 참 이상한 사람이라는 얘기를 했다고 하더군요.

제가 비록 학문은 짧지만 선생님의 저서에 대단한 흥미를 느끼는 것을 보면, 선생님의 의식체계에 조금은 근접하는 것 같습니다. 하하하! "하룻강아지 범 무서운 줄 모르는 깔대기"입니다.『맹자』

중간중간에 제 실명과 나꼼수를 언급해주셔서 너무 감사합니다. 역사에 남을 대작에 제 이름이 올려졌다는 사실 자체만으로도 큰 영광입니다.

"여민동락與民同樂"의 정신, "대인大人"의 자세에 대해 많은 깨달음이 있었습니다. 특히 군자는 의義로써 깨닫고 소인은 리利에서 깨닫는다 하는 점은 앞으로 정치를 하면서 늘 가슴에 두어야 할 말씀으로 삼겠습니다. 어린 시절 학교에서 배우긴 했지만, 인, 의, 예, 지를 단서로 해서 측은, 수오, 사양, 시비의 마음으로 들어가야 하고, 이것이 인간의 참된 본성에 도달하는 것이라는 가르침도 마음에 새기겠습니다.

대하드라마『맹자』를 읽은 뒤『사랑하지 말자』는 참으로 재미있고 흥미진진한 "사상 수필집" 같은 느낌이었습니다. 특히 안철수 원장에게 편지를 보내시고는 답장이 없어 기분나쁘셨냐는 질문에 "더럽게 기분나쁘다"는 대목에 이르러서는 선생님의 모습이 오버랩되면서 배꼽을 잡고 대굴대굴 교도소방을 구르며 웃었습니다. 선생님의 아이처럼 순수한 마음, 적자지심赤子之心을 느낄 수 있어 너무 즐겁고 재미있었습니다.

「조국祖國」편에서 십수봉 얘기를 하다가, 십수봉의 가계에 대해 말하자, 질문하는 사람이, 선생님 스스로 질문 하시는 것이 뻔한데 "아~ 그렇군요. 어떻게 선생님은 그런 것까지도 그렇게 소상하게 아십니까"하면서 셀프Self갈대기를 들이대시고, 곳곳에서 튀어나오는 직설적이고, 노골적인 화법은 선생님의 강조사항인 "골계화법," "웃음이 없는 인간은 반드시 권위주의로 빠진다"를 느낄 수 있어 즐거웠습니다. 선생님, 너무 깊은 감동과 사상체계를 만나뵌 것 같아 즐겁기도 하면서 감사합니다.

선생님의 사상을 관통하고 있는 "자연과의 일체," "지구생명권"이라는 문제는 우리 시대의 위대한 사상가이며 미래학자인 제레미 리프킨Jeremy Rifkin의 사고와 보면 볼수록 너무도 일체감이 있어서 놀라움의 연속이었습니다. 선생님의 저작이 영문으로 번역되고 꼭 제레미 리프킨 교수가 읽게 되면 반드시 선생님을 만나뵙고자 할 것 같다는 생각이 들었습니다. 두 분의 만남은 역사적 사건이 될 것 같네요. 리프킨 교수가 선생님 책을 꼭 봐야하는 이유는 리프킨 교수는 인간의 생태에 대한 것이 연구의 근본이지만 선생님은 인간의 사고체계를 깊이 파고들었기 때문이라는 생각이 있어서 그런 겁니다. 어쨌든 이 시대 최고의 사상가, 철학가 도올 선생님을 언젠가는 리프킨 교수가 찾아뵐 날이 있을 겁니다.

선생님 너무 감사합니다. 선생님의 위대한 저서가 온 국민의 필독서 목록이 될 수 있도록 저도 함께 노력하겠습니다.

2012. 9. 17.
오천년을 기다려온 찬란한 희망 **정봉주 올림.**

나는 순간 부인 보고 잠깐 기다리라 하고 내 서재로 올라갔다. 나는 즉석에서 칠언절구를 짓고(下平侵韻) 화사한 매화를 쳤다. 감방 안에 화사한 매화가 있으면 좀 울적한 느낌도 가시리라. 나는 이 모든 것을 한 시간 안에 해치웠다. 한국고전번역원의 세미나가 날 기다리고 있었기 때문이다.

天下無人了孟心
洪城圄傳開闢音
三峰閃計新巖始
一出咆哮革命沈

이 천하에 『맹자』하나 제대로 이해하는 이 없어
가슴이 답답했는데
홍성의 영어에서 천지개벽의 소리를 전하네
삼봉 정도전의 섬뜩이는 의지가 신암리에서
『맹자』를 읽다가 시작되었다네
그대 세상에 나와 포효하면 혁명의 물결로 세상이 잠기리라

夫人傳信, 吾心開朗, 君眞爲永遠同志。

二千十二年九月十九日
于駱聞齋 擒机畫并書

부인이 편지를 전해오니 그 순수한 내용으로
내 마음이 확 트이고 명랑해졌다.
그대는 진실로 나의 영원한 동지로다.

2012년 9월 19일
동숭동 낙한재에서

도올 그리고 또 쓰다

귀한 것은 즉흥적인 적심赤心의 교감이다. 교도소사람들이 이 한시 정도는 벽에 붙여놓는 것을 허용해주기 바란다.

【120919-7】
　우리는 노론의 영수인 송시열이 『대학』과 『중용』 등에 관하여 주자학과 다른 경전해석을 내렸던 백호白湖 윤휴尹鑴, 1617~1680를 "이단異端"이자 "사문난적斯文亂賊"으로 몰아서 귀양 보내고 사약을 내려 죽게 했다는 매우 통념적인 생각이 학계의 상식으로 통하고 있다. 그래서 송시열 하면, 반주자학의 사람들을 사문난적으로 몰아 죽이는 완고한 사상가라는 생각이 학계의 통념으로 깔려있다. 그런데 오항녕 교수는 송시열이 윤휴를 사문난적으로 몰아 죽인 적은 없다고 말한다. 조선왕조를 통하여 "사문난적"으로 몰려 죽은 사례는 단 한 건도 없다고 말한다. "사문난적"이라는 표현이 송시열이 윤휴에게 보낸 사신 속에는 있으나, 그것을 표방하여 윤휴를 정죄한 적은 없다는 것이다. 윤휴의 죽음은 정치역학적인 것이다.

【120919-8】
　오항녕 교수가 지적하고 싶어하는 것은 역사지식의 정밀한 실체에

관한 것이다. 송시열과 윤휴의 대립을 조선 성리학의 정통과 이단의 투쟁이라고 본 미우라 쿠니오三浦國雄의 논문의 영향이나, 그 이전부터 내려오는 피상적으로 규정된 당쟁이라는 식민사관의 첫인상이 무책임하게 서술해놓은 개론적 지식을 연역적 전제로서 신봉하는 그러한 역사기술을 재고해야 한다는 것이다. 오항녕 교수가 그러한 주장을 한다고 해서 그를 곧 노론계열의 보수적 사상가로 보아서는 아니 될 것이다. 그렇게 규정하는 자들의 자신의 주장의 실체에 관한 엄밀한 검증이 없는 한 그런 규정은 개념의 오치誤置일 뿐이다.

【120919-9】
 오 교수의 주장의 핵심은 송시열의 사상체계나 윤휴의 사상체계, 또한 그들의 행동방식이 오늘 우리가 알고 있는, 진보-보수, 좌-우, 근대-전근대, 주자학-반주자학이라는 통념적 카테고리 속에서 용해될 수가 없는 것이라는 팩트를 말하려는 것이다. 조선왕조에 관한 모든 논의가 보다 엄밀한 문헌학적 성찰의 기초적 단계를 다시 거쳐야 한다는 것이다.

【120919-10】
 나는 이러한 오군의 주장에 동의한다. 조선왕조의 이해는 새로운 인식론적 기반을 필요로 한다. 이제야 그 토대만들기가 시작되고 있다고 나는 본다.

【120919-11】
 한국고전번역원 세미나를 마치고 밤늦게 지인들과 대학로에서 내가 잘 가는 터키까페, 이스탄불에 앉아 있었는데, 덕성여대에서 약학을

공부하고 있다는 두 어린 학생들이 나에게 정중하게 인사를 했다. 그 모습이 하도 곱고 순결해서 그들과 잠시 대화를 나누었다. 참으로 아름다운 청춘의 모습이었다. 안철수는 이들의 시각에서 보아야 할 정치인인 것 같다.

【120919-12】

재래적인 데마고그의 선동이나 허세나 과장이 없는 새로운 진실한 정치, 그것을 국민이 원하고 있다고 보아야 할 것이다. 안철수가 잘 싸워야 선거판이 긍정적인 활력을 띈다. 그런데 그를 둘러싸고 있는 인물들이 너무 빈곤하다는 인상을 준다. 전국시대에 활약했던 책사들을 연상해보라! 진현進賢이 핵심이다! 안철수는 차라리 자신의 신념에 의존해야 한다. 그가 이 시점까지 온 것은 오직 그 자신의 판단의 힘이었다. 정치를 한다고 또다시 세인의 판단에 자신의 판단력의 핵을 유실하면 아니 된다.

【120919-13】

정치는 결단이다.

【120919-14】

안철수는 "국민"을 말한다. 그러나 그가 말하는 "국민"은 궁극적으로 추상명사다. 그가 표방하고자 하는 가치의 총화인 것이다. 그는 "국민의 소리"를 듣는다고 말한다. 그렇다면 그는 순간순간 오직 "국민"을 향하여 결단하고 외쳐야 한다. 주변의 엉성한 참모들이나 언론의 시각과 타협할 필요가 없다. 오늘 대선출마선언 인터뷰에서 보여준 그의 언변은 실수는 없었지만 좀 부족했다. 출마선언 그 자체는 별로 흠잡을 것이 없었다.

【120920-1】

 내 서재 방 창문을 열면 푸른 초원이 펼쳐진다. 그 위에 로코코식의 화려한 무늬를 한, 하이얀 페인트로 옷을 입은 의자가 하나 놓여있다. 그 의자는 항상 텅 비어있다. 그런데 누군가를 기다리고 있는 듯이 놓여있다. 그 의자는 항상 고독하지만 너무도 화려하게 빛난다. 그리고 주변의 초록과 어우러져 너무 강렬하게 돋보인다. 누굴 기다리는 것일까?

【120920-2】

 뉴스 미디어는 뉴스를 전하지 않는다. "뉴스news"란 새로운 것이며 가공되지 않은 것이다. 그러나 미디어는 뉴스를 전하지 않고 "편견으로 해석된 정보체계biased information"를 전한다. 이것은 우리시대의 양심이며 생성문법의 창시자, 노암 촘스키의 말이다.

【120920-3】

 미디어는 그 존재의의가 본시 대중을 위하여, 권력남용을 방지하는 "감독견watch dog"으로서의 역할이었다. 그러나 지금은 미디어의 역할이 정부의 입장에 대중의 마음을 순응시키는 것으로서 재정의再定義

되고 있다.

【120920-4】
"나라를 소유하는 자들이 나라를 경영한다.Those who own the country should run it." 이것은 자본주의 민주주의capitalist democracy의 미디어가 표방하는 기본원칙이다.

【120920-5】
언론의 또 하나의 원칙은 이것이다: "소유가 내용을 결정한다. Ownership determines content." 언론이 자본의 횡포로부터 벗어날 길이 없는 것이다.

【120920-6】
언론은 타인의 의식적 동의가 없이 타인의 의식과 사유를 지배하는 가장 효율적인 수단이다. "민주," "자본주의," "언론자유," "평등" 이따위 단어들은 모두 언론의 프로파간다 산업이 조작한 의미부여에 의하여 성견화된 것이다. 우리는 이러한 언론의 프로파간다의 베일을 넘어서서 우리 자신의 진리를 발견하는 사유의 습관을 길러야 한다. 민주사회가 공산사회보다 훨씬 더 본질적으로 우리의 사유를 조작할 수도 있다.

【120920-7】
언론은 대중의 암묵적 동의를 생산하는 공장이다. 그것은 대중을 조작하는 정부의 예술이다. 대중은 스스로 자신의 무지에서 벗어날 수 없다는 신화에 사로잡혀 있다. 그리고 정부는 그러한 신화를 강화시킨다. 이상은 노암 촘스키의 말이다.

【120921-1】
　너무도 실망스럽다. 절망감이 밀어닥친다. 그동안『사랑하지 말자』가 날개돋힌 듯 잘 나가는 느낌이 있어 인생의 황금기를 구가하는 듯이 보였다. 그런데『사랑하지 말자』가 팔린 이유도 결국「대선」이라는 한 채프터 때문이었던 것 같다. 게다가 그나마 팔렸던 것도 내가 매스컴에 여러 번 출연하여 이 책을 읽어줄 것을 호소했기 때문이었다. 몇 주만에 4만 부 남짓 나갔다. 인문학서적이라고 한다면 "기적 중의 기적"이라고 해야겠지만, 판로 고속행진의 리듬이 갑자기 느슨해지고 만다. 하루에 주문량이 5천 부를 기록했던 날도 있었는데 금방 300부도 안되는 수준으로 떨어졌다. 이 책 자체로써는 파급력에 한계가 있다고 보아야 할 것이다.

【120921-2】
　무슨 힐링류나 명상류, 젊은이들의 심령을 나약하게 만드는 책, 그리고 현실의 통고痛苦를 그대로 수용하게 만드는 책들은 아직도 수백만 부가 팔리고 있는 현실에 비하면, 진리에로의 독려나 개념적 지식

에 대한 각성을 촉구하는 나의 책은 세인들에게 끊임없이 버림을 받는다. 뜻있는 자들에게 힘을 줄지는 몰라도 뜻을 아직 세우지 못하는 자들에게 힘을 주지는 못하는 것이다. 싸이의 몸짓을 배우든가, 니체처럼 광기에 빠지든가, 영혼을 타락시켜 언어를 얇게 만들든가 해야 할 텐데 모두가 나의 능력 밖이다.

【120921-3】
니체는 정상적 의식이 있을 동안에 그의 책이 안 팔리는 현실을 매우 개탄했다. 어렵게 출판의 기회를 획득하거나 자비로 출판하거나 했는데, 몇십 부, 몇백 부 팔리는 데 그치고 말았다. 그토록 지식대중으로부터 외면당하는 현실 속에서도 그가 테마를 정하여 일관된 주제의식을 가지고 처절하게 집필의 붓을 정신붕괴 마지막 순간까지 움직였다는 것은 참으로 놀라운 일이다.

【120921-4】
니체의 책은 그가 정신착란의 낭떠러지로 굴러 떨어진 후 유럽 전역을 전염병처럼 휩쓸기 시작했다. 그러니까 니체의 생애의 마지막 10년 동안에 니체의 책은 공전의 호황을 누렸다. 그러나 니체는 전혀 그 상황을 인지하지 못했다.

【120921-5】
니체는 그의 기념관 다락방 속에 살아있는 미이라가 된 채 갇혀 버티다가 영면하였다. 1900년 8월 25일.

【120921-6】

　내 책이 안 팔리는 것은 어찌 보면 다행스러운 일이다. 안 팔리기 때문에 결국 나는 보호받는 것이다. 또다시 새로운 도전을 해야 하고 질시의 눈들이 사라진다.

【120921-7】

　내 책이 안 팔리는 이유는 내 책이 읽기 어려워서라기보다는 근원적으로 너무 과격하기 때문이다. 나의 "과격성"은 니체의 광기보다 훨씬 더 근원적이다. 니체의 광기가 딛고 서있는 땅조차도 내 책은 다 허물어버린다. 일례를 들면 니체의 기독교비판은 기독교를 보존한다. 니체는 그의 초인에 대한 열망의 구조 속에서 기독교를 저열한 위치에 놓지만, 그가 저열하게 규정하는 기독교 그 자체의 속성은 기독교의 모든 장점을 보존하는 것이다. 니체는 신을 살해했지만 나는 신을 해체시킨다. 니체는 예수를 옹호하고 바울을 깠다. 나는 예수를 역사화하고 바울을 범용화한다.

【120921-8】

　나의 과격성은 나의 책을 접하는 사람들에게는 심오한 사유를 제공한다. 그리고 재미도 있다. 그러나 그것을 자신의 내면에 묻어두고 싶어할 뿐 타인에게 적극 전파하기를 꺼려한다. 그래서 나의 책은 입에서 입으로 전파되질 않는다.

【120921-9】

　결국 남는 것은 나 실존의 끊임없는 고독일 뿐이다. 인간은 고독하다. 대선에 출마한 3인도 고독한 군상의 세 다른 유형일 뿐이다.

【120921-10】
고독할 때 나를 달래는 것은 "학문"이다. 학문처럼 위대하고도 지속적인 위로는 없다. 인간의 사유에 대한 언어의 유희를 마음껏 자행할 수 있는 학문의 세계처럼 무제약적인 블랙홀은 없다.

【120921-11】
『노자』라는 텍스트 하나, 불과 5천 자밖에 안되는 텍스트이지만, 그에 대한 탐구 하나만으로도 나는 나의 생애의 모든 집념을 불사르고도 남는다.

【120921-12】
맹자는 약이 명현瞑眩이 없으면 병이 낫질 않는다고 했고, 니체는 강자에게는 독이 곧 약이 된다고 말했다. 나약한 인간을 사멸시키는 독은 강한 자들에게는 강장제가 된다고 말한다. 다시 말해서 무엇이 약이냐 독이냐 하는 것은 그것을 먹는 사람의 소화력에 달렸다고 한다. 비슷한 얘기지만 거론되는 맥락이 전혀 다르다. 맹자는 약에 독성이 없으면 약이 약이 될 수 없다고 말한다. 그러나 그가 그 얘기를 한 맥락은 인정仁政을 실현하기 위해서는 명현이 있는 충고, 사고의 회전을 요구하는 인의仁義의 명령을 받아들여야 한다는 것이다. 맹자의 명현은 여민동락與民同樂의 보편주의를 구현하기 위함인데, 니체의 독은 인간을 초인으로 만들기 위한 차별주의를 구현하기 위함이다. 인문정신과 신본주의 문화풍토에서 발생하는 대조적 양상들이다.

【120921-13】

　미국은 1950년대로부터 60년대에 이르기까지 중산층이 팽창하여 부의 균분을 이루었으며, 마치 미국사회는 계급 없는 사회의 신화The Myth of the Classless Society를 향해 행진하는 것처럼 보였다. 그런데 세계인구의 6%가 세계의 부의 50%를 독식하는 그 체제를 유지하기 위하여 잔인한 무력으로 제3세계에 대한 신식민주의적 착취를 계속하였다. 제3세계가 극소수의 부유층과 방대한 민중이 극도의 빈곤 속에서 생존하는, 중산계급 없는 사회구조를 유지케 하면서, 군사독재와 엘리트지배를 지원하고 고문을 자행케 하며, 자유시장체제를 유지한다는 명목으로 미국의 투자자들의 이익만을 보호하며, 무자비한 군사폭력으로 민주의 명분과 인권을 말해왔다. 그 결과 재미있는 것은 미국사회 그 자체가 미국이 저주하던 제3세계의 양극화된 사회구조로 이행하였다는 것이다. 중산층이 줄어들고 부가 극소수에게 집중되었으며 경제적 번영과 삶의 질이 광대한 민중 다수의 삶으로부터 사라지게 되었다. 제3세계의 양극화구조가 곧 미국사회 자체의 양극화구조가 되어버린 것이다.

【120921-14】

　미국은 현재 사회계층이동성social mobility이 매우 낮은 나라에 속한다.

【120921-15】

　이명박 정부는 아나크로니즘anachronism의 대명사에 속한다. 거시적으로 보면 미국은 2차세계대전 후 번영을 구가하는 듯이 보였지만,

그 번영을 유지하기 위한 죄악 때문에 가장 바람직하지 못한 방향으로 해체되어가는 사회구조로 진행하였다. 그런데 그 최악의 사회해체모델을 미래의 이상으로 받들어모신 시대착오적 정권이 이명박 정부라는 뜻이다. 미국은 더 이상 모든 국가의 미래가 아니다. 그 막강한 군사력 때문에 눈치를 보지 않을 수 없는 황혼의 제국일 뿐이다.

【120921-16】
안철수가 이헌재와도 같은, 미국식 경제체제에 대한 본원적인 반성이 부족할 뿐 아니라 IMF위기극복 과정에서 한국경제의 주체성을 상실케 만든 골동품적인 인물을 경제 멘토로 모신다는 것은 별로 어울리지 않는 일이다. 그에게도 물론 배울 것은 있겠으나 그에게서 풍기는 내음새는 너무 권위주의적이다.

【120921-17】
정부가 하는 모든 일은 거의 대부분이 거짓말로 포장된다. 거짓이 아닌 정부의 행위는 거의 없다고 보면 된다. 그것은 현재의 정치구조가 유지되는 한에 있어서는 필연적인 것이다. 미국이라는 제국이 거짓말덩어리이고, 그 미국에 의하여 사주된 이승만정권이 거짓말덩어리였고, 이승만정권의 기조를 영속시켜온 대한민국 정치의 역사는 거짓말을 아니 하고는 거의 아무 것도 할 수 없는 그런 정체*politeia*의 표상이었다. 한국에서 지식인이 살아간다고 하는 그 사실 자체가 내포하는 사명감은 정부의 거짓을 폭로하고 진실을 말하는 것이다. 민주체제에 의하여 언론의 자유가 보장되어 있는데도 그 권리를 사용하지 않는다는 것은 그 자체로 죄악이다.

【120921-18】

　미국은 미신을 신봉하는 나라이다. 미국인은 대부분 신화 속에 살고 있다. 깨어있는 지성을 사용하지 않는다. 기독교 신화의 일원적 지배가 가장 극악한 형태로 개화된 문명이 미국문명이다.

【120921-19】

　공자에게도 초월적 "하늘天"은 있다. 그러나 최소한 공자의 하늘은 우리의 행동을 지시하는 구체적 언어를 발하는 인격체는 아니다. 21세기 미국인의 신관보다 훨씬 더 합리적이며 비인격적이며 추상적이며 비규정적이다.

【120921-20】

　공자의 하느님은 나의 내면의 인仁이다.

【120921-21】

　맹자가 말하는 인간됨의 도덕성에는 공리주의적 계산이 전제되어 있지 않다. 그렇지만 초월적인 절대명령도 아니다.

【120921-22】

　인仁은 심미적 감수성이다. 아름다움을 체화하는 사람은 도덕적일 수밖에 없다. 동방인의 의식 속에서 선善과 미美는 미분이다.

【120921-23】

　정부와 기업이 가치중립value-neutral, 가치해방value-free을 표방하는 것은 넌센스다. 그들의 가치해방은 곧 "부귀자를 위한 복지Welfare for the rich & the powerful"일 뿐이다. 정부와 기업은 "도덕적moral"이어야만 한다. 다시 말해서 정부와 기업은 인仁해야만 하는 것이다. 그것은 무엇을 의미하는가? **인仁의 정치란 곧 여민동락與民同樂의 정치를 말하는 것이다.** 동방인의 도덕은 내면화되는 동시에 사회화 된다.

【120921-24】
빈천자를 위한 복지가 없이 대동大同사회는 도래하지 않는다.

【120921-25】
자유시장경제는 사기일 뿐이다. The free-market system is a hoax. 미국의 경제는 부정조작된다. 그것은 사기꾼들의 장난이다. The U.S. economy, to put it bluntly, is rigged. 이것은 내 말이 아니라 촘스키 말이다.

【120921-26】
미국에는 자유시장체계free-market system가 없다. 미국경제의 실제적 주축을 이루는 방위산업등의 경제활동은 거의 모두 정부보조금government subsidiary으로 운용되는 것이다. 펜타곤이 돈을 어떻게 쓰는지 그것은 아무도 모른다. 그리고 미국세제의 오묘한 구멍을 통하여 새어나가는 막대한 돈들은 미국을 지배하는 소수들의 성역 속에 감추어져 있다. 미국의 경제는 기본적으로 부자들의 **독락獨樂**을 위한 것이다. "**독락獨樂**"이란 맹자가 당대 군주들의 폭정을 비판하여 쓴 말이다. 이것은 "**여민동락與民同樂**"과 대비된다. 미국의 자유시장체제라는 것은 미국의 해외 투자자들을 보호하기 위한 수단으로 만들어내는

신화에 불과하며, 그 신화는 무자비한 미국의 무력에 의하여 유지되어 왔다. 이것은 내 말이 아니라 인류의 양심 촘스키의 말이다.

【120921-27】
우리 역사는 올 대선을 통하여 **공심**公心Public Mind을 회복해야 한다. 인간은 본성 속에 측은지심을 가지고 있다. 측은지심은 인간됨의 조건이다. **측은지심이 없으면 인간이 아니다.** 無惻隱之心, 非人也。

【120921-28】
효孝는 쌍방적이다. 이 세상에 어린 아이에 집착하는 엄마의 마음처럼 무조건적인 보호의 사랑이 없다. 그 절대적인 사랑의 느낌은 하나님의 사랑보다 더 절대적이고 구체적인 것이다. 하나님의 사랑은 변덕스러우며 구체적이질 않다.

그런데 사람들은 엄마의 사랑만을 생각하는데, 어린아이들의 엄마에 대한 사랑처럼 무조건적이고 절대적인 것이 없다. 어린아이들은 엄마가 못생겼든, 가난하든, 지식이 없든, 난폭하든, 무조건 충성하고 무조건 집착하며 무조건 의지한다. 어린아이들이야말로 항상 그들의 부모를 기쁘게 해드리려고 노력하며 그에 대한 아무런 보상을 바라지 않는다. 이러한 아이들을 학대하는 인간의 잔인함을 보라!

【120921-29】
공자의 효는 절대적 복종을 가르치지 않았다. 부모자식간에 호상적 이해와 존중을 가르쳤을 뿐이다. 굴종과 권위는 왕조의 권력이 파생한 후대의 왜곡이다.

【120921-30】

 공자는 르쌍띠망ressentiment과는 거리가 먼 인간이었다. 『논어』에 보면 "원怨"에 관한 언급이 수도 없이 많다. 공자는 "원怨"은 어떠한 경우에도 인간의 품성에서 배제되어야 할 저급한 감정으로 보았다. "원망 없는 삶" "원망하지 않는 삶"을 인간이 추구해야 할 지고의 가치로 보았다.

【120921-31】

 공자의 이런 말은 너무도 재미있다. 부자이면서 교만하지 않기는 쉽다는 것이다.富而無驕, 易。그런데 가난하면서 원망이 없기는 어렵다는 것이다.貧而無怨, 難。약자라 할지라도 르쌍띠망에 사로잡히지 않는 것, 그것이 수신의 기본이라고 보았다. 수신의 궁극적 경지는 "불원천不怨天"이다. 하늘을 원망치 않는 것이다.

【120921-32】

 하늘을 원망치 않는 것은 약자의 체념이 아니라 내적인 고양을 체험하는 인간의 특권이다.

【120921-33】

 공자는 말한다. 나라에 원망이 없게 하고在邦無怨, 집안에 원망이 없게 하라在家無怨。이 원망을 없게 하는 방법이 공자의 황금률이다: **내가 원치 아니 하는 것을 남에게 베풀지 말라.**己所不欲, 勿施於人。

【120922-1】
아침에 일어나면서 갑자기 이렇게 외쳤다: "지금 경제민주화 운운하고 있는 꼬락서니들은 모두 넌센스다!"

【120922-2】
"경제"란 결국 아주 천박하게 이야기하자면 돈을 잘 번다는 것이다. 나는 배가 좀 고파도 경제발전을 안하는 것도 좋다고 생각하는데, 이런 노자老子식 반문화주의反文化主義Counter-culturalism는 대중의 환영을 받을 수 없다. 대중은 잘 사는 것을 좋아한다. 그리고 현실적으로 물가가 너무 비싸다. 대중의 월급이나 수입구조로써 물가나 교육비를 감당하기란 실제로 어렵다.

【120922-3】
일전에 만난 약학대 학생에게 물어보니 한 학기 등록금이 500만 원 정도, 그러면 일년 1,000만 원. 그리고 하숙비가 한 달에 40만 원 정도. 잡비, 책값, 교통비를 아무리 줄여도 일년에 2,500만 원 이하로는

생활이 안된다. 넉넉하게 계산하면 3,000만 원은 든다고 한다. 1년에 1억의 수입이 있는 사람은 상층이라고 보아야 한다. 그런데도 자식 둘을 대학 보내기가 만만치 않을 것이다. 분명 구조적으로 잘못된 사회임이 틀림없다.

【120922-4】
 안철수의 논의에 의하면 대기업이 아무리 발광해도 120만 명 이상의 일자리 창출은 불가능하다. 그런데 우리나라는 1,000만 명의 일자리가 필요하다. 이것은 오로지 중소기업을 융흥시키는 것밖에는 딴 도리가 없다는 것이다. 그런데 우리나라는 사회구조의 기조를 대기업 중심으로만 만들어 가고 있다는 것이다.

【120922-5】
 박정희의 "잘 살아보세"의 신화가 성공한 것은 무엇인가? 경제는 근원적으로 파이를 키워야만 "돈 잘 버는" 싸이클이 이루어진다. 박정희 때는 월남과 중동이라는 수입원과 시장이 있었다.

【120922-6】
 있는 시스템을 놓고 아무리 민주화 개혁을 운운해도 별다른 성과가 나올 수 없다. 여태까지 잘못 형성된 타성을 구조적으로 뜯어고친다는 것은 불가능하거나 실효를 거둘 수 없다. 특히 경제는 어떠한 연역적 전제로써 메스를 가해도 부작용이 크게 생긴다.

【120922-7】
 생각해보라! 그토록 많은 교육제도개혁이 감행되어 왔다. 그런데

과연 뚜렷한 실효를 거둔 사례가 있는가? 개혁 이전과 이후에 어떤 근원적 가치론적 변화가 있었는가? 그 이유는 간단하다. 서울대학교가 항상 같은 모습으로 건재하기 때문이다. 서울대학교라는 가치지향성의 핵을 건드리지 않고서는 어떠한 개혁을 해도 그것은 코스메틱에 불과하다. 그런데 하물며 경제는 어떠하겠는가?

【120922-8】
"경제민주화"는 근원적으로 헛소리에 속한다. 그것은 구호에 불과할 뿐 실효를 거둘 수 없다. 혼란만 가중시킨다. 물론 재벌횡포에 대한 법제적 제약은 당연히 필요한 것이다. 그것은 민주사회의 기초적 의무에 속하는 것이다. 그러나 그것으로 한국경제의 문제가 바로잡히지는 않는다.

【120922-9】
한국경제의 문제는 큰 틀을 새로 짜야 하고, 큰 판을 새롭게 벌여야 한다. 그 유일한 출구가 남북의 경협이다. 지금 북한의 노동력과 자원 그리고 지대는 지구상에서 최적의 조건을 구비하고 있다. 북한사람들은 우리와 언어와 생활관습을 공유하며 문화적 가치를 공유하고 있다. 아무리 문제가 많다 해도 중국인보다는 성실하며 의리가 있다. **개성공단 하나만 활성화시켜도 남한의 중소기업 숨통이 터진다.**

【120922-10】
다시 말해서 한국의 경제는 남북의 경협을 통해서 근원적으로 판을 새로 만들어야 한다. 재벌을 죽일 것이 아니라, 재벌을 새로운 벤쳐에

투입시키면서 그들의 성격을 새롭게 규제하는 것이다. 새로운 가치를 구현할 수 있도록 강권하는 것이다. 나는 문재인에게 말한 적이 있다: "남북화해를 민생의 핵으로서 국민에게 설득시키는 과업을 그대가 성공적으로 수행해야 합니다."

【120922-11】
다시 말해서 한국경제는 정치적 이념의 한계를 타파함으로써만 새로운 측면을 맞이할 수 있다. 나는 이것을 어느 인터뷰에서 "경제의 정치화The politicization of economy"라고 불렀다. 이것은 경제 자체를 정치의 노예로 만든다는 것이 아니라 경제를 정치적으로 재정립해야 한다는 것이다. "경제의 정치적 가치재정립The political revaluation of economy"이라고 말해야 할 것이다.

【120922-12】
경제를 터무니없는 냉전과 반공과 반복의 이데올로기로부터 해방시켜 건강한 환경론적·상생론적·여민동락적 이념의 구현체로 다시 태어나게 만드는 것이다.

【120922-13】
한국경제는 남북문제의 적극적 해결 없이 출로가 없다. 남북의 긴장관계가 초래하는 이니시어티브의 상실이 한국경제의 목을 죄는 올가미이다. 항상 강대국들의 조작의 노리개가 되는 것이다.

【120922-14】
한국경제는 이제 주체적이어야만 한다. 따라서 경제계에 종사하는

자들이 가치중립적인 자유시장의 허구로부터 벗어나서 정치적 이데올로기를 초월하는 새로운 비견을 가져야 한다.

【120922-15】
칸트는 도덕을 인간의 자연적 성향에 내재하는 것으로 보지 않는다. 칸트는 도덕을 이성의 절대적 명령으로 법칙화하며 일상적 감정으로부터 분리시킨다. 칸트의 도덕은 인간의 경험이 미치지 못하는 절대영역에 있다.

이에 비하면 룻소는 도덕을 어디까지나 인간의 본래적 자연스러운 원초적 본성에 내재하는 것으로 본다. 룻소는 도덕을 자연적 정감에 호소하는 것으로 본다. 인간의 도덕적 행동에 대하여 이성적 근거를 확보할 필요는 없다고 보는 것이다.

그런데 맹자는 이 두 사람의 주장을 종합하는 태도를 취한다고 말할 수 있다.

【120922-16】
맹자는 이성의 절대적 명령이나 의무감으로 도덕을 정식화하지 않는다. 불인인지심不忍人之心이라고 하는 "차마 어찌지 못하는 마음"에서 도덕의 단초를 발견한다. 그것은 생각없는 어린애가 우물로 엉금엉금 기어들어갈 때에 마음이 덜컹하여 그냥 뛰어 달려가는 측은지심이다. "심心"이란 인간의 정감의 총체성이다. 다시 말해서 맹자는 도덕을 인간의 원초적 감정에 호소하는 것이다. 그러나 그것은 어디까지나 "단초端"이다. 다시 말해서 그러한 정감으로써 인간의 본성을 전적으로, 공시적共時的으로 규정하지 않는다. 그것은 단서일 뿐이며,

그 단서란 확충을 기다리는 과정이다. 따라서 동방인에게 있어서 도덕이란 규정성이 아니라 과정성이다. 그것은 실천의 과정이다.

【120922-17】
 그렇다고 맹자가 인간의 도덕을 인간의 감정에 귀속시키는 것은 아니다. 맹자에게는 근원적으로 감정과 이성의 이원성이 확보되질 않는다. 도덕적 감정의 확충을 실천하는 것이 곧 이성의 명령이요, 원리이다. 측은지심과 같은 감정의 단서를 확충해나가는 것이 인간됨의 조건이다: "측은지심이 없으면 인간이 아니다.無惻隱之心, 非人也." 맹자에게는 자인Sein과 졸렌Sollen의 이분적 논리가 발견되지 않는다. 맹자는 인간의 본성 내의 자연적 성향 속에서 성선性善의 가능성을 발견하지만 그것은 잠재태로서 있는 것이며, 그 잠재태의 발현은 인간됨의 졸렌Sollen인 것이다. 그것은 사실적 사태인 동시에 인간됨의 당위인 것이다.

【120922-18】
 오늘 명진明盡 스님을 만났다. 하안거를 끝냈는데 곧 다시 몇몇의 뜻있는 승려들과 "삼칠용맹정진"에 돌입한다고 한다. 삼칠용맹정진이란 스무하루 동안 잠을 안 자고 계속 가부좌를 틀고 앉아 있는 정진이다. 식사는 하지만 잠은 허락되지 않는다. 기댐이 없이 꼿꼿이 앉아서 21일을 견뎌야 하는 것이다. 그런데 왜 21일일까? 나는 재미있게도 이 21일이라는 숫자가 동물의 세계에서 의미있는 숫자라는 사실을 상기해냈다. 봉혜나 일반 암탉이 알을 품어 새끼를 부화시키는 기간이 정확하게 21일이다. 봉혜는 21일 동안 아무것도 먹지 않는다.

둥지를 튼 상태에서 알에게 따뜻한 평균 38°의 체온을 분유시켜 주어야 하기 때문에, 알을 품은 상태로부터 이탈하지 않는다. 거의 부동자세로 알을 품은 상태에서 먹지도 않고 21일을 버텨낸다. 그 과정의 고행은 실로 고승의 용맹정진보다 더 심한 고행이다. 먹지도 않기 때문이다. 몸이 피폐해져가는 수준이 거의 죽음 직전까지 간다. 빠알갛던 칼날 같은 벼슬이 오그라들면서 잿빛으로 변한다. 눈의 총기조차 사라진다. 새로운 생명의 탄생을 위해 자신의 체온을 나눠주는 그 헌신의 자세는 참으로 거룩하다. 신성함의 극치처럼 보인다. 이러한 닭의 정진을 생각하면 스님의 삼칠용맹정진이란 인간이 감행할 수 있는 정진의 최대치이며 동시에 인간의 원초적 본성에 내재하는 어떤 체험의 기억이라는 생각도 든다.

고문 중에서 가장 무서운 고문이 잠 못자게 하는 것이라는데 진실로 21일을 좌선으로 견딘다는 것은 참으로 고행 중의 고행이라 해야 할 것이다.

【120922-19】
내가 삼칠용맹정진을 한다면 이틀을 못 버티고 뻗을 것이다. 나는 잠자기를 너무 사랑한다. 나는 평생 잠이 안 와서 걱정한 적은 없다.

【120922-20】
하루 24시간이 너무도 짧다. 24시간은 하루를 구성하는 단위로서 너무 자격미달인 것 같다. 생각하고 쓰다 보면 하릴없이 지나간다. 덧없는 인생이여!

【120923-1】

　『광해, 왕이 된 남자』는 한국영화의 진화된 모습을 알리는 탁월한 수작이다. 『마파도』, 『그대를 사랑합니다』를 연출한 추창민 감독은 섬세한 감각으로 광해군 시절의 역사를 현재화시켰다. 『아저씨』를 찍은 이태윤의 카메라는 웅장하면서도 심미적으로 기발한 앵글들을 화면에 쏟아 놓았다. 이병헌의 안정적인 내면 연기의 깊이도 찬사를 받아야 마땅하지만 한효주의 절제된 연기는 보기드문 절연이다. 이 영화는 전혀 사실과 무관하지만, 광해라는 한 인물을 놓고 평가가 엇갈리는 상반된 학계의 두 측면을 두 사람의 광해의 모습으로 구현하여 아슬아슬한 스토리를 전개 시키고 있다는 측면에서 보면 거대담론적 해석이 구상화된 드라마적 사실이라고 말할 수 있다. 광해는 폐모살제廢母殺弟의 혼군昏君, 폐주廢主로서 무리한 대규모의 궁궐토목공사(창덕궁, 창경궁, 경운궁, 경덕궁, 인경궁, 자수궁)를 강행하여 화를 자초한 인물로서 그려지는가 하면, 임란 중에 분투 하였으며 명明에 대한 사대관념에 얽매이지 않고 후금과의 관계를 잘 조정하고 백성들과 고난을 같이하며 그들의 입장에서 실용주의 외교를 펼쳤던 모범적 군주로서 해석되기도 하는 것이다. 과연 어떤 광해가 진짜 광해일까? 나는 광해에게 두 측면이 다 있다고 생각한다.

　인조반정은 연산군을 폐위시킨 중종반정과는 전혀 성격이 다르다. 인조반정은 개인적 원한을 품은 한 붕당의 반란이며 역모였다. 그리고 인조반정에 성공한 인물들은 광해시대의 문제점을 전혀 개선하지 못했다. 광해의 슬픈 역사는 결국 그가 소수파이며 융통성이 없었던 대북大北정권에 얹혀있었다는 그 한 사실에서 비롯된다. 광해군을 비운으로 몰아간 것은 남명 조식의 수제자인 정인홍이었다. 광해와 정인홍의 관계는 노무현과 외골수 친노파의 관계와 비슷하다. 광해는 대북파의 독선과 독주로 궁지에 몰린 것이다.

【120923-2】
　문재인은 남북화해를 통하여 민생의 새로운 장을 마련하고 동아시아 냉전구도를 청산해야 한다는 확고한 신념이 있다.

【120923-3】
　봉혜는 얼마 전에 세상을 떴다. 봉혜의 손녀로써 변상벽卞相璧의 「모계령자도母鷄領子圖」에 나오는 닭을 꼭 빼어닮은 닭이 한 마리 있는데 이름을 능구能久라고 한다. 현재 봉혜의 순종씨로서 내가 데리고 있는 닭은 능구이다. 능구는 봉혜 주니어이기 때문에 봉혜라고 부르기도 한다. 봉혜가 죽었을 때 부화기에서 순종의 씨로서 두 마리가 태어났다. 이름을 "하도河圖"와 "락서洛書"라고 지었다. 그리고 한 달쯤 지나 능구가 품고있던 알에서 대부분이 도태되었고 두 마리가 태어났는데, 그 시점이 『사랑하지 말자』라는 내 책이 태어난 날과 정확히 일치했기 때문에 이름을 "말자"와 "하지"로 지었다. 말자는 등이

새까만 털이 있으면서 윤기가 흐르고 유난히 단단하게 생겼다. 말자와 하지는 오늘로써 꼭 4주가 된다. 엄마 품에서 씩씩하게 자라고 있다.

【120923-4】
　그러니까 하도와 락서는 엄마 품을 모른다. 그래서 내가 생후부터 돌보았는데 내 목소리와 내 다리를 알아본다. 내가 걸어가면 내 다리 사이에서 졸졸 따라오곤 한다. 내 다리 사이를 엄마 품처럼 느끼는 것이다. 그런데 하도·락서는 가슴에 하이얀 털이 나고 등털이 매우 정교하며 특별하게 아름답다. 그래서 정이 듬뿍 들었다.

【120923-5】
　능구 식구와 하도·락서는 물론 어울리지 못한다. 능구가 사정없이 하도·락서를 쪼아버리기 때문이다. 능구는 오직 자기 새끼만을 보호한다.

【120923-6】
　말자·하지가 이제는 컸기 때문에 하도·락서와 같이 놀고 싶어한다. 그래서 밥을 주면 이 네 마리는 평화롭게 같이 먹을 수 있다. 그런데 능구가 나타나서 말자·하지만 보호하고 하도·락서는 사정없이 쪼아 버린다. 너무 혹독하게 쪼기 때문에 털이 빠지고 피가 날 정도이다.

【120923-7】
　나는 엄마가 없이 큰 하도·락서에게 무한한 연민의 정을 품게 된다. 사정없이 변방으로 밀리기만 하는 것이다. 물론 다 성장하게 되면 닭장 안에서 그런 어릴 적 서열이 그대로 지속되지는 않지만, 능구의 우위는 대체적으로 지속된다.

【120923-8】

내가 여기서 말하고 싶은 것은 모성애의 원래적 성격에 관한 것이다. 닭의 모성애는 철저히 자기가 부화시킨 병아리에게만 한정되는 것이다. 닭은 일차적으로 소리의 튜닝에 의하여 특별한 관계를 형성하고 자기 새끼 외의 개체는 철저히 구분하여 배제시킨다. 그 분별심은 참으로 놀랍게 정확하다. 두 마리의 닭이 일시에 새끼를 부화하여 한 닭장 안에서 두 무리를 형성해도, 새끼들은 같이 놀다가도 엄마가 부르면 놀랍게 분열되어 자기 엄마 쪽으로 달려가는 것을 목도할 수 있다.

【120923-9】

한 우리, 한 밥통에서 새끼들이 같이 먹고 있는데 엄마는 그토록 잔인하게 자기 새끼 이외의 개체들을 쪼아버린다. 엄마는 자기 새끼만을 사랑하는 것이다.

【120923-10】

인간도 마찬가지기는 하지만 최소한 맹자의 "유자입정儒子入井"의 사례를 본다면 인간은 인간에게 대하여 보편적으로 측은지심의 감정을 품는다는 것이다. 그 감정의 보편성은 인간에게 생득적인 감정일까? 후천적인 감정일까?

【120923-11】

능구는 자기 새끼를 보호하는 것만큼 하도·락서를 대하지 않는다 해도 옆에서 좀 얻어먹는 것조차 그토록 가혹하게 쪼아버릴 이유가 있는가? 좀 측은하게 여겨 먹게 둘 수는 없을까?

【120923-12】
 최소한 맹자의 생각으로는 자기 새끼를 측은하게 여기는 마음으로 남의 새끼도 측은하게 여길 줄 아는 마음이 있다는 것인데, 과연 그런 보편적 도덕심이 인간의 본성에 내재한다고 말할 수 있는가? 재벌들이 자기 자식들에게 사업특권을 물려주기 위해 그 숱한 사회의 개체들을 희생하는 짓을 눈 하나 까딱하지 않고 감행하는 것을 보면, 과연 인간이 능구의 말자·하지 보호본능에서 진화했다고 말할 수 있는 그 무엇이 있는가, 회의만 생겨난다.

【120923-13】
 여기에 바로 자인과 졸렌의 미분이라는 맹자 논의의 정체가 드러난다. 즉 인간이 인간에 대하여 갖는 측은지심은 감정의 사실인 동시에 그것은 확충의 요구이며 또 인간됨의 조건이며 인간이 인간이 되어야만 하는 당위성이다. 인간의 측은지심은 봉혜나 능구의 모성애의 차원에서 논의될 수는 없는 것이다. 따라서 "생生" 즉 생겨난 대로의 모습이 곧 "성性"이라고 하는 고자告子의 입장을 거부하는 것이다. 告子曰: "生之謂性。" "성性"은 이미 문명 속에서 수십만 년 이상을 살아온 공동체적 인간의 당위적 현실을 그 출발점으로 삼는 것이다. 그 당위가 곧 인간의 자인Sein이라고 보는 것이다.

【120923-14】
 맹자의 도덕은 "감정의 단서端"에서 출발하지만 그 단서는 감정을 초월하는 천리天理에게까지 도달해야만 한다. 천도天道라는 초월이 성명性命에 내재하는 것이다. 맹자에게는 칠정七情과 천리天理의

구분이 없다. 칸트는 정情과 리理의 구분을 너무 확실하게 한다. 그래서 도덕의 정감적 근거가 결여되고 있다. 따라서 그의 정언명령은 또다시 모세의 십계명적 명령의 세속화로 이해될 수도 있다.

【120923-15】
 인仁의 반대는 불인不仁이다. 불인은 타인의 고통에 대하여 감각이 마비되는 것을 말한다. 한의학에서 불인不仁은 마비를 뜻한다. 불인지심, 측은지심을 발현케 되면 나라는 개체성에 한정된 마음이 타자의 생생生生하는 마음과의 연대감을 회복하지 않을 수 없다고 맹자는 생각한다. 따라서 개체적 선은 맹자에게 있어서는 정치적 선이 된다. 존재存在와 도덕道德과 정치政治가 인간의 정감 속에서 등식으로 결합되는 것이다.

【120923-16】
 서양인에게는 "책임"이라는 단어도 인간의 자유의지와 결합되어야만 의미를 갖는다. 자유의지를 가진 인간이 자신의 행위에 대하여 갖는 죄책감이나 양심의 가책 같은 것이 책임의 실제적 의미가 된다. 그러나 동방인에게 "책임"이라는 것은 자기가 살고 있는 현실세계에 대한 "우환憂患"의식을 말하는 것이다. 동포에 대한 책무를 충분히 다하지 못한 것에 대한 우려를 의미하는 것이다. 서양인은 신이라는 절대적 타자와의 관계에서 책임을 형이상학적으로 심화시키지만 현실세계에 대한 책임은 등한시한다. 그러나 동방인은 도덕과 정치를 결합함으로써 인간의 주체성을 확보하는 것을 삶의 이상으로 삼는다.

【120923-17】

　　동방인에게는 근원적으로 서방인이 말하는 "의지Will"라는 개념이 없다고도 말할 수 있다. 서양인의 의지는 알고 보면 하느님의 명령을 거역하는 힘, 하느님에게 "노No"를 말할 수 있는 힘, 신의 의지를 이반離反하는 인간의 의지를 가리키는 것이다. 쇼펜하우어나 니체의 "의지"가 모두 그런 의지이다. 서양어에서는 "의지Will"가 미래형의 조동사로도 쓰이는데, 하여튼 미래에로의 선택, 결단 같은 것을 의미한다. 그러나 동방언어에는 그런 시제가 명확치 않으며 신과 투쟁하는 인간의 의지는 없다. 선택이니 앙가쥬망engagement이니 결단Entscheidung이니 하는 따위의 말들이 사르트르나 하이데거의 실존주의의 주종을 이루는 개념들이지만 그러한 언어들은 실상 동방인의 언어가 아니다. 동방인이 그런 언어를 쓰는 이유는 동방인의 현대적 삶에 부과된 서양언어의 장난 때문일 뿐이다.

【120923-18】

　　맹자는 인간의 조건을 개인적 결단이나 선택으로 생각하지 않는다. 인간의 "선善"이란 오직 "여민동락與民同樂"하는 데서 발현되고 구현되는 것이다. 맹자의 성선性善은 존재론적 규정ontological definition이 아니다. "선善" 그 자체로서 고정적인 개념이 아니라 실천적 행위를 통해서만 발현되는 과정일 뿐이다. "선善"이란 절대자의 명령으로 나에게 전달되는 "양심의 소리"가 아니다. 그런 "소리"는 없다! "선善"이란 오직 타인과의 교섭 속에서 더불어 형성되는 것이다. 나는 나의 선을 내가 판단할 수가 없다. 이것이 서양의 실존주의적 인간과 동방의 성리론적 인간의 차이다. 키엘케골의 "단독자"는 맹자에게, 그리고 공자에게는 허상이다. 인간은 끊임없이 자기를 타인에게 개방하여 끊임없이 타인에게 배워야 한다. 물음과 배움, 그것이 곧 선善이다. 다시 말해서 문학問學, 혹은 학문學問이 없는 선은 선이 아니다.

【120923-19】
 맹자는 말한다: "타인의 장점을 취하여 나의 장점으로 만든다는 것은, 결국 타인과 더불어 같이 선을 실천하는 것이다.取諸人以爲善, 是與人爲善者也。 그러므로 유덕의 군자라고 하는 자에게 사람들과 더불어 선을 실천하는 것 이상의 위대한 삶의 자세는 없다.故君子莫大乎與人爲善。" 맹자에게 있어서 선善이라고 하는 것은 타인과 더불어 실천하는 과정에서 구현되는 것이다. 이 "여인위선與人爲善"이라는 맹자의 말을 우리는 반드시 기억할 필요가 있다.

【120923-20】
 동방인은 천지를 하나의 생명적 생태계로 파악했다. 그런데 천지의 주체는 동물 같지만 실상은 식물이다. 인간은 동물 중에서도 최령자最靈者라는 오만 때문에 식물을 우습게 알지만, 식물은 자기 생존의 에너지를 스스로 생산할 수 있다는 의미에서 인간이나 동물보다 훨씬 더 주체적이며 독립적이다. 독립영양생물autotrophs은 태양에너지를 이용하여 무기분자인 H_2O 및 CO_2로부터 에너지가 풍부한 유기분자를 합성한다. 우리 동물은 종속영양생물heterotrophic organisms이며, 이 종속영양생물은 생존을 위하여 식물을 이용하게 되므로 결국 지상의 모든 생존은 광합성에 의존한다고 말할 수 있다. 동방인의 도덕의식에는 동물적 요소보다 식물적 요소가 보다 농후하게 깔려있다.

어미닭과 병아리

다산 정약용이 읊은

題下相璧母鷄領子圖

母鷄無故怒　顔色猛峭巉
頸毛逆如蝟　觸者遭嗔喝
煩壞與碓廊　爬地恒如撥
得粒佯啄之　苦心忍飢渴
…
二雛方追犇　急急何佻撻
前者呋有垂　後者意欲奪
二雛爭一蚓　雙銜兩不脫
…
傳聞新繪時　雄鷄誤喧聒

어미닭은 까닭없이 잔뜩 노해서
그 모습 험준한 태산처럼 위압하네
목깃털 곤두세워 고슴도치 같고
새끼 건드리면 꼬꼬댁 마구 쫘대네
뜨락과 디딜방아 주변 분주히 오가며
단단한 발꼬락 갈고리로 땅을 파헤치네
낟알을 찾아내 쪼는 척만 하고서
배고픔 인내하며 꾸꾸국 지새끼만 부른다네
…
그중 두 놈이 서로 쫓고 쫓기는데
어디메로 그리도 급히 달음박질치는가
쫓아가는 놈 빼앗으려 용쓰고 있네
내빼는 놈 주둥이에 무언가 달려있어
병아리 두 놈이 한 지렁이 서로 다투어
양 끝 물고는 팽팽한 줄다리기
…
들건대 변선생이 처음 그릴 때
수탉들이 경쟁상대로 알고 야단법석했다오

봉혜(능구)와 하지(앞)·말자(뒤)

【120924-1】
 오늘 아침에 눈을 뜨니 새누리당 박근혜 대선후보가 과거사문제에 관해서 사과를 했다고 한다. 사과만 하면 될 것을 이렇게 못하고 버틴 것을 놓고 혹자는 박근혜가 선거의 도사라고 한다. 하여튼 엉뚱한 얘기를 해서 또 한 번 포커싱을 받지 않았냐는 논리이다. 과연 박근혜는 선거책략을 위해서 그런 논리적 전략을 세운 것일까?

【120924-2】
 박근혜가 자기 아버지 정치에 관하여 무조건 옳다는 주장을 하는 것은 그녀의 본능에 속하는 것이다. 그러나 정치란 한 개인의 본능의 영역에 머물 수는 없는 것이다. 독자적인 자기 사유와 자기 판단과 자기 이미지를 갖지 못한 자를 우리가 정치인politician의 자격을 갖추었다고 말할 수는 없다. 박근혜는 선거의 달인일지는 몰라도 정치가로서의 독자적인 입지를 아직 갖추지 못했다. 아버지에 관한 얘기만 나오면 무조건 옹호·집착의 자세를 취하는 것은 그녀의 실연實然이다. 그리고 오늘 사과를 한 것은 그녀의 허연虛然이다. 인기율이 하락했기 때문에 고개를 숙인 것뿐이다. 사과발표를 하면 다시 인기가 치솟

을까? 이미 국민은 그렇게 호락호락하지 않다.

【120924-3】
　5·16쿠데타, 유신, 인혁당사건에 관하여 박후보가 사과를 했다는 사실, 그 레토릭으로 모든 문제는 끝나는 것일까? 물론 박후보가 그러한 역사적 행위의 주체가 아니므로, 인식의 전환을 공적으로 표방했다는 사실에 대하여 우리가 더 이상의 것을 요구할 법적 근거는 없다. 그러나 사과라는 레토릭으로 끝날 수는 없다. 박후보도 그 사태에 대하여 최소한의 앙가쥬망이 있다. 그녀는 궁극적으로 그 사과에 대한 책임을 지게 될 것이다. 사도세자를 죽여놓고 그냥 미안하다는 말 한마디로 벽파가 용서되는 것은 아니다.

【120924-4】
　국민들은 확실히 알아야 한다. 박근혜가 사과를 한 것은 선거를 앞두었기 때문에 한 것일 뿐이다. 그러나 박근혜가 인기율 하락 때문에 사과의 제스처를 썼다 할지라도, 잘못된 역사에 대한 지배계급의 정확한 반성과 시인을 국민이 따냈다는 사실에 대한 역사적 인식은 확실하게 해둘 필요가 있다. 과거의 그릇된 역사로 되돌아갈 수 없다는 국민적 인식을 후손을 위하여 각인시켜 놓은 것이다.

【120924-5】
　선거는 과정이다. 이 과정을 통하여 우리는 바른 가치관을 통치자들에게 요청하는 것이다. 국민은 국민적 바램을 최대한으로 발현시키는 의무와 권리가 있다는 것을 깨달아야 한다. 룻소가 말하는 "일반의지general will"를 치자들이 깨닫도록 만들어야 한다는 것이다.

【120924-6】

　『중용』에서도 가장 대표적인 논설로 꼽히는 제20장에 이런 이야기가 있다: "사람의 도는 정치에서 가장 민감하게 나타나고, 땅의 도는 나무에서 가장 민감하게 나타납니다. 人道敏政, 地道敏樹。대저 정치라는 것은 갈대와 같은 것이지요. 夫政也者, 蒲蘆也。"참으로 수수께끼 같은 명언이라 할 것이다. 이 명제를 놓고 나는 고민을 하고 또 해보았다. 여기 동방인들의 사유를 헤아려볼 수 있는 단서가 있지 않을까?

【120924-7】

　쇼펜하우어는 이 세계를 의지의 표상으로 보았다. 쇼펜하우어는 칸트가 말하는 물자체Ding-an-sich를 어떤 인간의 오성이 미치지 못하는 신비적 본체영역으로 밀어 넣어버리는 것이 아니라 아예 생화生化시켰다. 물자체를 의지로 본 것이다. 그러니까 우리가 바라보는 세계는 물자체라는 맹목적 삶의 의지가 표상해놓은 것이다.

　쇼펜하우어는 말을 근사하게 했지만 사실 그것은 "일체개고一切皆苦"를 말하는 불교 삼법인 명제의 한 명제를 에둘러 말한 것에 불과하다. 저기 나무가 서있는 것도 맹목적 의지의 표상이며 그래서 고통스럽다는 것이다.

【120924-8】

　의지는 결핍에서 생겨나며 고통에서 생겨난다. 원망願望의 충족은 고통을 중단시킬 수는 있다. 그러나 하나의 원망의 충족은 열의 고통의 현실을 배제한다. 갈망은 길고 요구는 무한하지만 만족은 짧다. 욕구의 충족은 새로운 욕구를 지어낼 뿐이다. 충족된 욕구도 허상이요,

새로운 욕구도 허상이다. 거지에게 구제품을 주면 오늘은 살아가지만 내일의 불행은 가중된다. 모든 의지의 근거는 요구며 결핍이며 고통이다. 모든 동물과 인간은 존재한다는 이유만으로 고통에 굴종된다. 고통이 쉽게 만족되는 사람에게 찾아오는 것은 공허와 지루함뿐이다. 존재는 고통과 권태 사이를 오가는 영원한 시계불알일 뿐이다. 이것은 내 얘기가 아니라 쇼펜하우어의 이야기이다. 니체는 쇼펜하우어의 비극적 의지를 권력의지로 바꾸었다. 그리고 강자, 즉 초인이 되려했다. 그리고 신을 살해했고 미쳐버렸다.

【120924-9】
서양인들은 식물도 동물화시켰다. 식물도 도덕적이다. 그러나 식물은 동물과도 같은 의지의 충동으로 번뇌하지 않는다.

【120924-10】
내가 너무도 사랑하는 노자의 명제 중에 이런 말이 있다: "낳으면서 낳은 결과를 소유하지 않는다.生而不有." 이 "생이불유"라는 이 한마디가 나는 우주의 비밀을 다 말해준다고 20세 약관의 전후에 느꼈다. 그때 나는 이 "생이불유" 한마디를 되씹으면 전율을 느끼고 또 느꼈다. 그런데 노자의 이 생이불유의 철학은 분명 의지에 사로잡힌, 하느님이라는 권위의 공포에 사로잡힌 동물을 모델로 한 언급이 아니다. 역시 식물적이다. 나무는 끊임없이 새싹을 낸다. "생생지위역生生之謂易"의 표상이라 할 것이다. 그런데 헌 싹이 새싹이 자라나도록 도와주면서도 헌 싹이 새싹을 소유하지 않는다. 생하되 소유하지 않는 것, 이것이 나는 바른 정치의 궁극적 모델이 되어야 한다고 믿는다.

【120924-11】

 정치란 갈대와 같다라는 『중용』 20장의 명제는 무엇을 의미하는가? 여기서 "갈대"의 의미는 "여자의 마음"과 같은 서구적 나약함의 이미지와는 정반대의 이미지에서 파생하는 것이다. 여기 "포로蒲蘆"라는 것은 부들이며 왕갈대이다. 조건이 갖추어지면 어김없이 왕성하게 자라나는 생명체를 말하는 것이다. 땅의 자양분이 구비되고 하늘에서 비가 충분히 내리면 어김없이 왕성하게 솟아오르는 것이다. 거짓이 없는 것이다. 교활한 의지의 작용에 좌우되지 않는 것이다. 정치란 갈대가 왕성하게 자라날 수 있는 조건을 사회적 바탕으로 형성하는 것임을 말하고 있는 것이다.

【120924-12】

 지금 대한민국의 국민이 원하는 것은 "식물적인 정직성"이다. 치자들이 거짓말을 시키지 않고, 대의大義를 위하여 자기를 헌신하며, 인간들이 욕망을 절제하는 덕성을 지니며, 사회적 차원에서는 물질적 재화가 창조적 확대재생산을 위한 싸이클을 확보하며, 공평한 진현進賢이 이루어져 삶의 환경을 도덕적으로 만드는 조건설정이 행하여진다면 식물이 스스로 쑥쑥 성장하듯이 저절로 좋은 결과가 도출된다는 것이다. 존재와 도덕과 정치가 식물적으로 결합하는 자연주의를 동방인들은 구가했다고 볼 수가 있다. 인간의 이성도 식물적 바탕으로부터 복합concrescence되어가는 것이어야만 한다. 하늘에서 떨어지는 로고스가 아니다.

【120924-13】

 내가 좋아하는 맹자의 문구에 이런 구절이 있다. 맹자는 양혜왕의

아들 양양왕梁襄王을 만나 이렇게 말한다: "왕이시여! 모종한 벼의 새싹을 아시나이까? 7, 8월에 가뭄이 들면 이놈들이 펴나지 못하고 비실비실 말라 쪼그라들어 버립니다. 그런데 어느날 갑자기 짙은 뭉게구름이 드리우더니 패연하게 굵은 장대비가 쏟아지면 이 말라버린 벼싹들이 버쩍버쩍 기운을 차리고 발연하게 솟아오릅니다. 이와 같다면 과연 누가 이 솟아오르는 생명의 기운을 막겠습니까? 王知夫苗乎? 七八月之間旱, 則苗槁矣。天油然作雲, 沛然下雨, 則苗浡然興之矣。其如是, 孰能禦之?

【120924-14】
내가 사랑하는 말은 이 세 마디이다. **유연작운**油然作雲, **패연하우**沛然下雨, **발연흥지**浡然興之! 한국인들이 정치에 고대하는 것은 패연하우이며, 그들 스스로 누구의 도움도 명령도 없이 발연흥지하게 되는 새세상을 맞이하겠다는 것이다. 그러기 위해서는 정치의 주체세력이 바뀌어야 한다.

【120924-15】
이명박의 치세는 국민의 삶을 근원적으로 고갈시켜 놓았다. 모든 것이 말라비틀어졌다. 도대체 어느 놈이 어떻게 그 고갈의 영양분을 빨아 처먹었는지 알 수가 없다. 이몽룡이 광한루에서 쓴 천인혈千人血이나 만성고萬姓膏보다 더 짙은 고혈을 빨아 처먹었다. 무엇보다도 그 부패와 사기와 파렴치한 거짓말과 인재의 고갈은 단군 이래 가장 극악한 수준에 달했다. 이 극악무도한 정치현실에 대한 책임을 새누리당이 져야만 한다. 박근혜는 그 책임을 레토릭이 아닌 행동으로 보여주어야 한다.

【120924-16】

　　패연沛然하게 비가 내리면 발연浡然하게 만물이 소생하리라! 이것이 우리 국민의 갈망이다! 이 메시아니즘의 정상에 지금 안철수와 문재인이 서있는 것이다.

【120924-17】

　　나는 최근 문재인을 만났다. 그가 경선을 끝낸 후에 좀 한가로운 분위기에서 만난 것이다. 나는 문재인의 사람됨에 관하여 무한한 신뢰감을 가지고 있다. 경선과정을 통하여 경선 전에 만났을 때 느꼈던 미비된 구석이 싹 사라졌다는 인상을 받았다. 자신감에 넘쳐있었으며, 무엇보다도 우리가 살고 있는 세계에 관한 인식의 폭과 깊이가 놀라웁게 진전되었다. 나의 모든 충언과 심려를 충심으로 이해했다. 그리고 나의 사상적 틀도 적확하게 이해했다. 뿐만 아니라 남북문제를 포함, 냉전구도의 동아시아 세계질서를 어떻게 개편할 것인가에 관하여 폭넓은 인식을 가지고 있었다. 나는 그를 축복했다.

【120924-18】

　　사람들이 안철수와 나의 만남에 관해 궁금해 한다. 그 뒤로 만났는가? 안 만났는가? 그 후로 안철수로부터 연락이 왔다. 인편을 통하여. 비서진과 자신의 실수로 그리 되었으니 용서를 빈다는 짤막한 내용의 서신이었다. 실수가 없는 훌륭한 글이었다.

【120924-19】

　　그 뒤로 나에게 간접적으로 전화가 왔다. 한번 찾아뵐 수 있겠냐고.

그래서 내가 전화로 말했다: "형식적인 방문이 아니라, 생각을 가진 사람들이 진심으로 깊은 속마음을 교환할 수 있는 자리라면 마다하지 않겠다." 그리곤 또 소식이 뚝 끊어졌다.

【120924-20】
한참을 기다리다가 내가 다시 서신을 보냈다. 간접적으로 말고 직접 전화를 주면 감사하겠다는 내용이었다. 안철수는 그 편지를 받자마자 정확히 전화를 했다. 그래서 통화를 한 번 했다. 매우 정중한 전화였다. 결례를 여러 번 하여 죄송하다고 했다. 그리고 꼭 찾아뵙겠다고 했다. 안철수의 말에 실수는 없을 것이다. 그러나 상황에 따라서는 교구巧久보다는 졸속拙速.

【120924-21】
그럼 안철수와 도올은 만났는가? 아직 만나지 않았다. 그런데 안철수와 내가 만나서 할 얘기라는 것은 어떠한 비밀얘기도 있을 수가 없다. 안철수가 한 인간으로서 나를 방문하여 내가 가지고 있는 견식과 경륜과 느낌을 많이 빼어갈 수만 있다면 나는 행복할 것이다. 안철수 주변으로 모여드는 사람들은 아무래도 안철수라는 권력의 센터에 관심을 갖는 것이다. 그런데 나는 최소한 그러한 권력과는 거리가 멀다.

【120924-22】
오늘『한겨레』에 고종석이「절필」이라는 글을 실었다. 실제로 절필하겠다는 선언문이었다. 고종석은 우리시대의 문필가로서 많은 사람의 존경을 받는 사람이다. 내가 이 사회에서 활약을 하게 되는 데도 고종석 기자의 도움이 컸다. 고종석과도 같은 글쟁이가 글을 아니 쓰

겠다는 선언은 진실로 충격이다. 글쓰기를 무력화하는 사회적 죄악에 항거할 수 있는 수단이 오죽이나 없었으면 자신의 존재이유인 붓을 꺾기에 이르렀겠는가? 그 고심의 과정에 나 또한 같은 고심의 나락으로 떨어질 수밖에 없었다.

【120924-23】
 아주 사소한 동참의 제스처이지만 나는 며칠전부터 시작한 이 단상 斷想쓰기를 그만두기로 했다. 그리고 대선의 과정으로부터 증발하기로 했다. 대선에 참여하는 사람은 안 만날수록 좋은 것 같다. 그들은 어떠한 경우에도 편가르기 논리를 벗어나지 않는다. 나는 실상 고종석보다도 더 사회적으로 글 쓸 수 있는 매체가 근원적으로 봉쇄되어 있다. 오직 내가 사회와 교통할 수 있는 루트란 책을 내는 일이다.

【120924-24】
 대선이라는 정치적 과정에 나와 같은 사상가가 관여할 수 있는 여백은 거의 없다. 많은 사람들이 나와 같은 사상가가 영향을 미칠 수 있다고 생각하지만 그것은 착각에 불과하다. 정치인들은 정치적 판도의 역학에 따라 판단을 내릴 뿐이며 나 같은 사람의 말을 듣지 않는다. 오른쪽 귀에서 왼쪽 귀로 흘러나가 버린다. 고종석이 느끼는 무기력감이나 내가 느끼는 무기력감은 매우 유사한 것이다.

【120924-25】
 절필을 앞두고 내가 하고 싶은 말은, 우리 국민은, 최소한 문재인과 안철수 두 사람이 모두 1987년 김대중과 김영삼이 각각 출마하여 선

거를 치른 그러한 오류를 범하는 인품의 사람은 아닐 것이라는 깊은 믿음을 가지고 있다는 사실이다. 이 두 사람은 끊임없이 이 믿음을 상기해야 할 것이다. 메이지혁명의 주역인 사이고오 타카모리本鄕隆盛에게 에도막부라는 권력 그 전체를 송두리채 내어주는 "아케와타시明け渡し"를 실천한 에도의 실권자, 카쯔 카이슈우勝海舟, 1823~99가 한 일에 비한다면 이것은 너무도 실천하기 쉬운 일이다. 일본의 근대는 이 위대한 결단으로부터 외세의 침탈이 없이 순항할 수 있었던 것이다.

【120924-26】
그런데 선거과정이라는 것은 인간적으로 상대방을 계속 허트하게 마련이다. 필연적으로 서로에게 감정적 상처를 주는 것이다. 뿐만 아니라 모든 결단이 본인의 실존적 결단의 차원에서 끝나지 않는다는 평계가 항상 대가리에 매달려 있다. 그러나 맹자는 이와같이 말한다: **"삶의 중요한 결단은 자기 외의 타자에게서 구하는 것이 아니다.** 不可以他求者也."

【120924-27】
앞으로 두 달 동안 문재인과 안철수는 자신의 가능성을 각자 최대한으로 발현해야 할 것이다. 그 과정은 국민의 심판 속에서 공정하게 이루어져야 한다.

【120924-28】
그러나 "국민의 심판"을 실체화하거나 형이상학화해서는 아니 된다는 것이다. 국민의 심판이란 궁극적으로 두 사람의 존재를 공평한 과정을 거쳐 융합시키는 것일 뿐이다.

【120924-29】

 그 융합이 어떠한 형태로 구상화될지에 관해서는 나는 절묘하고도 정당한 구상들을 가지고 있지만 침묵할 수밖에 없을 것 같다. 노자는 말한다: "천하란 신묘한 기물이다. 내 마음대로 조작할 수는 없는 것이다.天下神器, 不可爲也。"

【120924-30】

 문재인과 안철수는 적나라한 실존체로서 만나야 한다. 어떠한 조직이나 권력의 압력에도 굴하지 않고 궁극적으로 자신의 실존의 판단만이 이 민족의 대운을 결정한다는 사명을 가지고 무아無我적으로 만나고 무아적으로 결론을 내어야 한다.

【120924-31】

 문재인과 안철수는 하나가 되어야 한다. 잊지 말라! 하나만 되면 둘 다 산다. 둘만 사는 것이 아니라 한민족 전체가 살고, 전 인류의 희망과 모범이 된다. 나의 친구이자 보수를 대변하는 논객 한 사람이 안철수 출마 전에는 이렇게 썼다: "차기를 바라보고 출마 안하는 것이 좋다." 그런데 출마하고 나니깐 또 이렇게 썼다: "출마를 했으면 끝까지 가라." 이런 빤한 속셈에 놀아날 것인가?

【120924-32】

 선거는 프로페셔날 게임이다. 문재인, 안철수, 누구로 단일화 되든, 민주통합당 조직 베테랑들의 전폭적인 참여가 없이 대선에 승리를 거두기는 어렵다. 선거전은 프랭카드 하나, 유세차 하나의 시공적 전략이 맞부닥치는 단기간의 승부이다. 이 승부에서 세가 밀리면 밀린다.

조직과 재정과 인력, 그리고 그것을 적절하게 가동시키는 "신바람"을 창출하는 것은 특수한 전문영역에 속하는 것이다. 아마츄어들의 낭만적 연합으로는 반드시 실패한다.

【120924-33】
 나는 이 순간부터 『노자한글역주』에 몰입한다. **대선은 국민의 몫이다.** 물론 나도 한 표로 참여할 것이다. 국민이여! 각성하라! 올 대선은 3·1독립운동보다 더 **거족적인 시민혁명의 장場**이다. 여기서 꺾이면 우리 민중은 기나긴 압제의 암흑의 터널을 체념 속에 행진하게 될 것이다.

【120924-34】
 마지막으로 내가 9·11테러사건 직후에 언어학자 노암 촘스키, 철학자 리차드 로티 등 미국의 지성들과 주고받았던 글을 여기 남겨둔다.

쌍둥이빌딩의 폐허를 바라보다. 2003년 2월 25일 촬영.

뉴욕 맨해튼 쌍둥이빌딩 유허지. 한 사람이 그 앞에서 위령제를 지내는 듯 플루트를 구슬프게 연주하고 있다.

미국과 인류의 미래
— 트윈빌딩·펜타곤 폭파사건을 전후하여

【前言】

 다음부터 싣는 글은 미국에서 벌어진 인류사 희대의 사건, 생각하기조차 끔찍하고 당혹스러웠던 "9·11사태"에 관하여 나의 소견을 발표한 문장이다. 나는 2001년 9월 11일 폭파사건이 일어나기 며칠 전까지 바로 맨해튼 그 근처 호텔에서 투숙하고 있었기 때문에 받은 충격이 더욱 리얼했고 컸다. 나는 1999년 11월부터 2000년 2월까지 56회에 걸쳐 EBS에서 "노자와 21세기"라는 우리나라 방송사의 획을 긋는 강연을 했다. 고등한 인문학의 성과가 일반대중의 심령 속으로 파고든 우리 민족문화사의 의미있는 사건이었다. EBS는 당시 공사가 아니었고 사회인식도 미흡했기에 여타 지상파 채널과 경쟁하는 높은 시청률을 올린다는 것은 상상키 어려운 일이었다. 그러나 나의 강의 프로그램은 EBS방송사가 평균 시청률 0.3%를 넘지 못하던 현실에서 5.8%라는 천문학적 숫자를 기록했다.

 이것은 방송의 개념을 혁명시킨 사건이었다. 인문학의 진지한 강론이 개그 프로보다도 더 높은 대중의 지지를 받을 수도 있다는 새로운 사실에 방송관계자들의 눈을 뜨게 만들었다. EBS의 스태프들이 나의 과감하게 혁신적인 발상을 수용하고 전폭적인 지원을 해주었기 때문에 가능한 일이었다. 이 EBS방송의 성과에 힘입어 나는 KBS에서 "도올의 논어 이야기"라는 새로운 인문학 장르를 선보였다. 2000년 10월 13일부터 주 2회에 걸쳐 그것도 저녁 황금시간대에 나갔으니 참으로 파격적인 사건이었다. 나의 『논어』프로는 평균 12%라는 높은 시청률을 기록하며 잘 진행되었는데 이번에는 조·중·동을 중심으로 한 보수언론이 나를 심하게 공격했다. 매일 신문에 나를 야비하게 비꼬는 기사가 안 오르는 적이 없었다. 그것은 비판 아닌 비난이었다. 나는 이러한 모욕을 감수하면서 64회를 계속했는데, 나는 더 이상 그러한 모욕을 감내할 수 없다고 생각하고 일방적으로 나의 결단으로 KBS강의를 중단했다. 당시로서는 어쩔 수 없는 결단이라고 생각했다. 국민이 나를 선생으로 모실 생각이 없는데 왜 내가 심적 고통을 감내하면서 강의를 지속해야 하느냐고 중단의사를 밝혔지만 지금 생각해보면 나의 처사는 모자라는 행동이었다. KBS가 나의 강의를 지속할 의지가 있는 마당에 신문사들의 농간은 투쟁의 대상일 뿐이었으며, 그것을 국민의 의사와 연결시킬 필요는 없었던 것이다. 나는 어떠한 경우에도 신문사와 싸워나가면서 『논어』국민교육을 완수했어야 했다. 당시 KBS 관계자들에게 이 자리를 빌어 용서를 빈다. 나는 2001년 5월 21일 후쿠오카로 떠났다. 그리고 후쿠오카에 체류하는 동안 나의 은사 선생님 후쿠나가 미쯔지福永光司를 찾아뵈었고, 아라키 켄고荒木見悟, 오카다 타케히코岡田武彦와 같은 대학자들과 면담하였다. 그리고 그 뒤 나는 미국에 가서 계속 체류하다가 9월 초에나 돌아왔다. 그리고 곧 9·11 폭파사건이 발생했던 것이다.

이 문장은 토마스 한Thomas Han 교수에 의하여 영역되어 세계적 학자들에게 보내졌다. 미국에 사는 유대인이지만 인류의 양심이라고 말할 수 있는 언어학자 노암 촘스키 교수도 나의 글에 대하여 성실한 답변을 해주었다. 나는 KBS "도올의 논어 이야기" 이후로 계속 침묵했기 때문에 이 글을 담은 사신을 접한 당시 한국의 지식인들은 나에게 깊은 감명을 전해주었다. 언론계의 지사志士들이 이 글에 대하여 아름다운 평을 남기기도 했다. 나는 이 해에 달라이 라마를 만나러 인도여행을 떠났다.

【本文】

　　인간세에서 일어나는 일들을 명료한 사관과 체계적인 히스토리오그라피의 방법론을 가지고 서술한 사가로서 인류사에 가장 앞선 인물로 꼽히는 사마천司馬遷은, 그가 가장 뛰어난 필치로 공을 들인 열전列傳 가운데, 『자객열전刺客列傳』을 26번째로 삽입시켰다. 그 『자객열전』은 공자보다 2세기를 앞선 관중管仲의 시대, 약소국이었던 노魯나라의 장수 조말曹沫의 이야기로부터 그 실마리를 풀어가고 있다. 조말은 그 한 많은 여인, 애강哀姜의 남편인 노나라 장공莊公을 섬겼는데, 당대의 대국 제齊나라와 3번이나 싸워 모두 패배의 고배를 마셨다. 장공은 하는 수 없이 수읍遂邑의 땅을 제나라에 바치고 화친을 도모하였다. 그러나 패장敗將인 조말을 계속 장수로 거느렸다.

　　패웅霸雄인 제齊 환공桓公은 노 장공과 가柯의 땅에서 화친의 맹약을 맺을 것을 허락하였다. 환공과 장공이 단상에서 맹약을 맺으려 하고 있을 때였다. 요샛말로 한다면 항복문서에 조인을 하는 순간이었다. 이때 조말은 날쌔게 단상에 올라가 비수를 제 환공의 목에 대고 협박한다. 환공은 감히 움직일 수가 없었다.

　　"그대가 요구하는 것이 무엇인가子將何欲?"

　　"제나라는 강하고 노나라는 약합니다. 그런데 대국인 제나라가 노나라를 침범하는 정도가 지나칩니다. 지금 제나라의 국경은 노나라 깊숙이 파고 들어와서 이미 국도國都를 육박하고 있습니다. 임금께서는 이러한 점을 고려하시기 바랍니다.齊强魯弱, 而大國侵魯亦甚矣. 今魯城壞卽壓齊境, 君其圖之."

America and the Future of Mankind
— In Light of the Attacks on the World Trade Center and the Pentagon

Si-ma Qian(145?~87? B.C.E.). Not exactly a household name in America. But then neither is Herodotus, Thucydides, Tacitus, Polybius, or Livy. Mr. Qian was a court historian during the Early Han dynasty in China and the author of *Records of History(Shi Ji)*, a work that is considered by many to be the first of its kind in terms of its historiographic methodology, systematic organization of topics, and penetrating interpretation. Some of his finest prose is to be found in the biographies section, and in the 26th chapter, we find Ci Ke Lie Zhuan, meaning literally, *Biographies of Stabbing Guests*. In modern parlance, we might say, *The Lives of Famous Assassins*. The chapter begins with the story of two nations at war and events that took place two centuries before the birth of Confucius. It was the time of Guan Zhong, the prime minister in the State of *Qi*. It was Guan Zhong's exemplary behavior in office that would later inspire Confucius to cite him as a model of statesmanship. Cao Mo was a general in the State of *Lu*, a small and weak nation. Cao Mo served Duke Zhuang, the husband of Ai Jiang, a woman as legendary in the East as Cleopatra is in the West. Three times General Cao Mo fought against the mighty state of *Qi*, and three times suffered the humiliation of defeat. In the end, Duke Zhuang had no choice but to concede the province of Suei to *Qi*. Despite the defeats, Duke Zhuang kept Cao Mo on as his top general.

Duke Huan of *Qi*, now the undisputed victor, agrees to attend the ceremony to formally receive the province of Suei from Duke Zhuang. The two lords are about to put their seals on the peace treaty when Cao Mo leaps like a cat onto the dais and puts a dagger to Duke Huan's throat. Duke Huan is motionless.

"What is it that you want?"

"*Qi* is big and mighty. *Lu* is small and weak. In invading *Lu* with force, *Qi*

그러면서 조말은 정복당한 노나라의 영토를 즉각 되돌려줄 것을 요구하였다. 이에 하는 수 없이 제 환공은 노나라에게서 빼앗은 모든 땅을 돌려줄 것을 수락한다. 이러한 수락이 제 환공의 입에서 떨어지자마자, 조말은 환공의 목에 대었던 비수를 던져버리고 단에서 내려와 북향을 하고 평화롭게 신하의 예를 다하였다.

자아! 이런 재미있는 상황을 한번 현실적으로 점검해보자! 제 환공은 천하무적의 패자이다. 그런데 그에게 패배당한 소국의 장수가 감히 그에게 칼을 들이대었고, 정복당한 땅의 반환을, 그 칼이라는 폭력의 순간적 위력을 빌어 잠정적인 구두약속으로 얻어내었다. 그리고 그 순간이 지나자, 조말은 칼을 던지고 무기력한 평민으로 돌아가 신하의 예를 다한다. 도무지 어불성설이다. 제 환공은 과연 칼이라는 폭력에 순간적으로 제압당해 하는 수 없이 내뱉은 약속을 지킬 필요가 있겠는가? 그리고 천하의 무적인 그가 맹약의 법도를 어기고 자기 목에 칼을 들이댄 약소국의 적장을 그냥 둘 리가 있겠는가? 조말은 무슨 심보에서 그렇게 터무니없는 일을 벌이고, 또 칼을 버리고 태연하게 신하의 예를 다하고 앉아 있는 것일까? 기다리고 있는 것은 당장 그의 목에 내려칠 길로틴의 칼날일 뿐이라는 것을 모르고 앉아 있는 것일까?

아니나 다를까? 제 환공은 약속을 어기고 조말의 목을 치려한다. 이때였다. 제 환공을 보좌하던 명재상 관중이 이를 제지하면서 다음과 같이 말한다.

"안됩니다. 작은 이익에 눈이 어두워 대국의 체통을 잃고 한번 뱉은 말을 제멋대로 저버린다면, 제후들에게 신망이 떨어지게 될 것은 뻔한 일이고, 천하 각국의 지지를 잃어버리게 될 것입니다. 그러니 약속대로 그 땅을 돌려

has exceeded all bounds of greed. At the present, *Qi* practically occupies all of Lu except the capital. I ask Your Lordship to consider this inequity."

Thus did Cao Mo demand the return of *Lu's* occupied land. Helpless in the situation, Duke Huan agrees to return the territory conquered. As soon as the promise is given, Cao Mo throws away the dagger, comes down from the dais, and respectfully sits back down facing the north, in a gesture of loyalty and obedience to his master.

Let's have a look at this situation a bit more realistically. Duke Huan is now lord of lords, without a single challenger under Heaven. A general of the defeated state dares to threaten his life with a dagger, demands the return of the territory won fair and square by Duke Huan, and extorts out of him an oral promise to do so. And as soon as he gets his adversary to agree to his demands, General Cao Mo throws away the weapon and meekly goes back to his seat to watch what is left of the ceremony and observe the proper etiquette befitting a loyal subject. What the⋯? Something is not quite right about this picture. After all, would Duke Huan feel compelled to keep a promise forcibly drawn out under threat of death? Would Duke Huan let the cheeky bastard go? What about Cao Mo? What could possibly have bloated his gall to commit so rash a deed and then, as if nothing happened, go back to his seat and mind his manners? Would it not be likely that the only thing waiting for Cao Mo would be a swift axe to the neck?

Indeed, in a fit of rage, Duke Huan orders Cao Mo's head be brought to him. At this point the paragonic prime minister Guan Zhong steps in and suggests otherwise.

"No! If you go back on your word because you are motivated by petty gains, you will lose the majesty of your position as the ruler of the mightiest state under Heaven. Then, you will lose the trust of your vassals and the support of other states. Therefore, it is in your best interest to keep your word and return the land

주시는 것이 상책입니다. 不可。夫貪小利而自快, 棄信於諸侯, 失天下之援, 不如與之。"

그래서 환공은 마침내 노나라에서 빼앗은 토지를 돌려주었을 뿐 아니라, 적장인 조말에게도 어떠한 위해를 가하지 않았다. 조말은 세 번 싸움에서 잃었던 땅을 모두 되찾았고 그의 명예도 회복하였다. 조말이 패장의 참패를 회복할 수 있었던 그 비결이 어디에 있었는가? 그 비결은 바로 이 "자刺"라는 한 글자에 숨어있다. 자刺란 무엇인가? 이 자刺를 오늘 말로 환원하면 바로 테러리즘 terrorism이라는 뜻이 된다.

조말은 사마천이라는 사가의 손을 빌어 인류사에 등장한 최초의 테러리스트 terrorist였다. 그 뒤에 나오는, 조양자趙襄子를 죽이려 한 진晉나라 예양豫讓의 이야기나, 진시황을 시해하려 한 위衛나라 사람 형가荊軻의 이야기가 모두 이 조말의 이야기를 성립시키고 있는 논리적 구성의 테두리를 벗어나지 않고 있는 것이다.

테러리즘은 인류사에서 근절되어야 마땅하다. 이것은 분명 상식을 가진 사람이라면 누구든지 받아들이지 않을 수 없는 절대적인 정언명령이다. 그러나 여기 우리는 또 하나의 매우 어려운 명제를 던져보지 않을 수 없다. 테러리즘은 도덕성이 있는가?

이 어려운 질문에 희대의 사가 사마천은 서슴지 않고 대답한다: "테러리즘에도 도덕성이 있다." 이것은 나의 말이 아니라 인류의 예언자며 시대를 앞선 희대의 사가 사마천의 명언이다.

테러리즘은 근절되어야 마땅하다. Terrorism must be eradicated.

미국은 보복해서는 아니 된다. America should not retaliate.

to *Lu*."

Thus Duke Huan was persuaded to return the land to *Lu*, nor did he harbor a desire to harm Cao Mo in any way. Cao Mo was able to reclaim all the territory lost during the three campaigns, and recover his honor. What was the secret to Cao Mo's success? That secret lies in the character *ci* 刺(to stab). This character was used back then the way we use the term 'terrorism' today.

Cao Mo is the first terrorist to appear in a historical record. The stories of assassins found in *Records of History* — including that of a certain Yu Rang of *Jin* who tried to kill Xiang Zi of *Zhao*, or that of Jing Ke of *Wei* who tried to assassinate Qin Shi Huang Di(the first Emperor, credited with unifying China for the first time and building the Great Wall) — are all narrated within the same logical structure of moral justification found in the story of Cao Mo.

Terrorism must be uprooted and eradicated once and for all. This is an absolute moral imperative no human being with any common sense could possibly argue against. But at the same time we must also ask: But is terrorism devoid of ethics?

To this question, the Grand Historian answers without hesitation: Even in terrorism, ethics determines the scope of its action.

Terrorism must be eradicated.

And America should not retaliate for the events of September 11th.

이 두 명제는 결코 서로 모순되지 않는다. 다시 말해서 이 두 명제는 상호보완적으로 동시에 실현될 수 있다. 이것이 인간세의 정칙이다. 이것이 사마천이 말하는 역사다.

지금 부시에게는 관중管仲이 없다. 아니, 부시에게는 관중의 말을 알아들을 줄 아는 제 환공의 도량이 없다. 아니, 이것은 분명 부시의 개인의 역량의 문제가 아니라, 미국이 20세기 인류사를 리드해온 방식이 쌓아온 업보의 필연적 구조에 관한 문제일 것이다.

인류사에서 테러리즘이 없어 본 적은 없다. 테러는 오늘 내일의 문제는 아니다. 그런데 사마천은 이 테러리즘을 선과 악의 이원론적 가치관을 가지고 접근하지 않는다. 사마천이 말하는 테러리즘에는 약자의 명분과 강자의 아량이 동시에 요구되고 있다. 사마천이 말하는 테러리스트의 삶의 원칙은 다음 한마디로 축약되고 있다.

> 士爲知己者死, 女爲說己者容。
> 사내는 자기를 진정 알아주는 자를 위하여 죽을 줄 알고,
> 여자는 자기를 진정 사랑해주는 사람을 위해 헌신할 줄 안다.

이것은 자객 예양이 자기를 인정해준 진晉나라의 지백智伯의 죽음을 당해, 피신하여 산 속으로 도망가면서 외치는 절규의 한 대목이다.

> Being killed for Allah's cause is a great honor achieved only by those who are the elite of the nation. We love this kind of death for Allah's cause as much as you like to live. We have nothing to fear

These two propositions are complementary and can be realized through action. This is what Si-ma Qian is getting at. This is the lesson he wished to impart to those to come after him.

President Bush does not have a Guan Zhong advising him. And Bush does not have Duke Huan's largesse of character that would allow him to appreciate such an advice. But this lack of character is not to be attributed to Mr. Bush's personal shortcomings. This absence of largesse in the Bush administration is the direct result of the manner in which the U.S. has led the history of the world in the 20th century.

Terrorism has always been there in history. It did not start yesterday and it won't go away tomorrow. Si-ma Qian's lengthy treatment of the subject testifies to the antiquity of the phenomenon, and to the importance of the phenomenon to *realpolitik*.

But Si-ma Qian does not approach the problem using the dualistic schema of good versus evil. Si-ma Qian asks us to understand the phenomenon of terrorism in the light of the weaker party's just grievances and the stronger party's duty to be magnanimous. But what is justice to the terrorist? By what code of ethics does the terrorist conduct his grim business?

"Man knows how to die for another who recognizes his worth, and woman knows how to sacrifice herself for the one who loves her."

A very famous line, uttered by the assassin Yu Rang while dying after avenging the death of Zhi Bo of *Jin* who conferred such soul-bonding recognition upon him.

"Being killed for Allah's cause is a great honor achieved only by those who are the elite of the nation. We love this kind of death for Allah's cause as much as you for. It is something we wish for.

알라의 명분을 위하여 죽임을 당하는 것은 나라의 의식 있는 엘리트만이 획득할 수 있는 위대한 영예다. 우리는 삶을 원하는 것만큼 알라의 명분을 위하여 죽는 것을 사랑한다. 우리에게 두려울 것은 아무 것도 없다. 그것은 오히려 우리가 바라는 것이다.

이것은 오사마 빈 라덴Osama bin Laden이 1997년 CNN과의 인터뷰에서 한 말이다.

과연 테러리즘에 도덕성이 전무하다고 단언한다면, 우리는 어떻게 김구金九와 같은 테러리스트를 애국자로 존경할 수 있으며, 어떻게 메이지유신의 기업基業을 완성하고 동경대학東京大學이라는 위대한 교육기관을 탄생시킨 이토오 히로부미伊藤博文와 같은 일본근대사의 거목을 쏘아죽인 안중근이나, 홍구虹口공원에 폭탄을 던지고 장렬하게 순국한 윤봉길을 의사義士로 추앙할 수 있겠는가?

진晉나라의 6경 중의 하나인 조양자趙襄子는 자기에게 항거한 또 하나의 경, 지백智伯을 쳤다. 그리고 끝까지 자기를 괴롭혔던 지백이 미워, 그의 두개골에 옻칠을 해서 술잔으로 사용하였다漆其頭以爲飮器. 그렇게 비참하게 최후를 마친 지백에게 충성을 약속했던 예양은 복수의 칼날을 계속 간다. 그리고 성명을 바꾸고 죄수로 변장하여 조양자의 궁에 들어가 뒷간의 벽을 발랐는데, 조양자가 똥누러 온 사이에 그를 찔러 죽이려 했다. 그러나 살기殺氣를 감지한 조양자는 그를 사전에 발각한다. 조양자는 지백을 위하여 원수를 갚으려 하였다고 당당하게 외치는 예양에게 다음과 같이 말한다.

"저 사람은 의로운 자다. 단지 내가 조심하여 피하면 그만이다. 게다가 지백이 망하고 후사조차 없는데도 그의 신하된 자로서 원수를 갚겠다고 저

like to live. We have nothing to fear for. It is something we wish for." These were Osama bin Laden's words during an interview with CNN in 1997.

One man's roof is another man's floor, and one man's freedom fighter is another man's terrorist. History is fraught with acts of terrorism committed in the name of justice, freedom, and self-determination. Who would dare categorically deny all and any possibility of ethics to terrorism? The Japanese currency bears a portrait of Hirobumi Itō: The architect of the Meiji Restoration which helped Japan to rise as a formidable modern power, and a major contributor to the creation of that great educational institution, The University of Tokyo. One fine day, he was slayed by Jung-geun Ahn, a Korean national who had a grand vision for the peaceful collaboration of East Asian countries and resisted Japanese colonialism. Ahn is a national hero to every living Korean but a common bloody murderer in the mind of every Japanese.

Xiang Zi of *Zhao* attacked and crushed Zhi Bo's army. Even after his victory, Xiang Zi hated Zhi Bo so much that he had Zhi Bo's skull lacquered and used it as a goblet. Zhi Bo's tragic death fed the fire of desire for revenge in Yu Rang's heart. Yu Rang changes his name and enters Xiang Zhi's fortress as a slave laborer. Yu Rang was assigned to plaster the walls of the outhouse. Yu Rang's plan was to kill Xiang Zi when the latter went to heed the call of nature. But luck was against him and his attempt was foiled. With his head held high, Yu Rang defiantly confesses his mission.

Xiang Zi's reply: "You are a man of justice. Zhi Bo is gone and his bloodline is no more. You are not even related to him, yet out of loyalty to him as his retainer you are willing to lose your own life for the sake of his honor. Indeed you are a

렇게 자기희생을 서슴치 아니하니 이 자야말로 천하의 현인이로다.彼義人也, 吾謹避之耳。且智伯亡無後, 而其臣欲爲報仇, 此天下之賢人也。"

그리고 예양을 풀어주는 관용을 베푼다. 그럼에도 불구하고 예양은 제2차의 암살을 시도한다. 조양자가 지나가는 길 다리밑에 숨어 기다린다. 그러나 조양자가 타고있던 말이 예양이 숨어있는 지점에 이르러 살기를 감지하고 섬찟한다. 그러자 조양자는 필시 예양이 숨어있을 것이라고 말한다.

"아아! 예자여! 그대가 지백을 위해 충절을 다하였다는 명예는 이미 이루어졌고, 과인이 그대를 용서함도 이미 충분하다. 이제 그대는 각오하라!嗟乎豫子! 子之爲智伯, 名旣成矣, 而寡人赦子, 亦已足矣。子其自爲計, 寡人不復釋子!"

이에 예양은 울며 말한다. "현명한 군주는 남의 아름다운 이름을 덮어 가리지 아니하고, 충신은 의로운 절개를 지키기 위하여 죽을 의무가 있습니다. 지난번 군왕께서 이미 신을 관대히 용서하시어, 천하에 그 어짐을 칭송치 아니하는 자가 없습니다. 오늘의 일로 말하자면, 신은 죽음을 당해야 마땅하오나, 원컨대 신이 군왕의 옷을 얻어 그것을 칼로 쳐서, 그로써 원수를 갚으려는 뜻을 이루게 해주신다면, 비록 죽어도 여한이 없겠나이다.臣聞明主不掩人之美, 而忠臣有死名之義。前君已寬赦臣, 天下莫不稱君之賢。今日之事, 臣固伏誅, 然願請君之衣而擊之, 焉以致報讎之意, 則雖死不恨。"

이에 조양자는 옷을 벗어 주었다. 예양은 칼을 뽑아들고 세 번을 펄쩍 뛰면서 그 옷을 베었다. 그리고 "내 비로소 지하에 잠든 지백에게 보답할 수 있게 되었다"고 말하고 이내 칼에 엎어져 자결하였다. 그가 죽던 날, 조나라의 지사들이 이 소식을 듣고, 모두 그를 위해 눈물을 흘리며 울었다.

우리는 뉴욕의 시민들에게 트윈빌딩에 뛰어들어 자결하였다는 두 조종

man of substance."

Xiang Zi is so moved by Yu Rang's sense of loyalty that he decides to release him. But later Yu Rang makes a second attempt. Hiding under a bridge, waiting to ambush Xiang Zi, Yu Rang is discovered when Xiang Zi's horse is startled.

Xiang Zi: "Alas, Master Yu! But you have already proven your loyalty to your master and I have already shown you my mercy. But now, it is all over."

Yu Rang breaks down and cries. "The wise ruler does not attempt to suppress the good name of another and the faithful retainer is not afraid to die defending the purity of his heart. Last time Your Lordship was merciful and there is not a man under Heaven who has not praised your generosity. I must die today. I ask not for leniency but only that Your Lordship allow me the satisfaction of avenging my lord by stabbing Your Liege's shirt in a symbolic gesture of revenge."

Xiang Zi took off his shirt and gave it to Yu Rang, whereupon Yu Rang drew his sword and slashed it three times. "At last, I have been able to put the departed spirit of Zhi Bo to rest!" Saying thus, Yu Rang plunged himself onto his sword and ended his life. That day, upon hearing of the story of Yu Rang, all the men of Zhao wept for him.

No one could expect the citizens of New York to forgive Mohamed Atta and Marwan Al-Shehhi, the two men who rammed the planes into the Twin Towers. The sacrifice made by thousands of innocent people was simply too great. But if

사, 모하메드 앗타Mohamed Atta와 마르완 알 쉐히Marwan Al-Shehhi의 죽음을 애도하는 아량을 보여주기를 기대할 수는 없다. 너무도 무고한 사람들의 희생과 그 충격의 폭이 크기 때문이다. 그러나 미국이라는 대국이 조양자의 아량을 배우지 못한다면, 결국 앗타와 알쉐히의 테러리즘을 더욱 더 조장시키고 영웅시하게 만드는 아이러니칼한 결과만을 초래할 뿐이라는 사실은 명약관화한 것이다. 유위를 유위로 갚을 때 더 큰 폭력이 초래되는 것은 역사의 정칙이다. 결국 어떠한 존재가 테러리즘의 대상이 된다는 것은, 그 존재가 강대强大하다는 단순한 사실에서부터 유래되는 것이다. 약소한 존재는 근본적으로 테러리즘의 대상이 되질 않는다. 그러므로 강대한 자는 강대한 자의 도道를 터득치 않으면 안 된다. 노자老子는 말한다.

大國者下流, 天下之交, 天下之牝。(61장)
대국은 아랫물이다. 그래서 천하의 모든 윗물이 흘러들어 오는 곳이며, 천하의 모든 수컷이 꼬여드는 암컷이다.

상류上流에는 강대한 것이 있을 수 없다. 가늘고 약한 것만이 있을 수 있다. 모든 강대한 것은 반드시 하류下流에 위치한다. 하류下流의 특징은 모든 상류上流들 아래에 위치한다는 것이다. 아래에 위치하기 때문에 하류下流요, 하류下流이기에 비로소 대국大國이 될 수 있는 것이다.

大國以下小國, 則取小國。(61장)
대국은 반드시 소국 앞에 자기를 낮추어야만 그 소국을 취할 수 있다.

이것은 자연自然의 법칙이요, 역사의 철칙이요, 도덕의 준칙이다. 이것을 어기면 대국은 대국됨의 도를 저버리는 것이다. 맹자도 대국이 소국을 섬기는 것이 낙천樂天이라고 말했다(1b-3). 미국이 강대하다는 사실만으로 영원히

America does not find a lesson from the story of Xiang Zi and Yu Rang, it will only end up making heroes out of Atta and Al-Shehhi and further empower those who would resort to terrorism. This is as obvious as obvious can be. It also happens to be the law of history. Only the mighty and big invites acts of terrorism against it, by the mere fact that it is mighty and big. The weak and small can never be the target of terrorism. Therefore, it behooves the mighty and big to tread the Tao of the mighty and big.

Lao Zi, chapter 61: "A great country is like the delta. It is where all the waters from upstream gather. It is the Mother Reservoir for all trickles under Heaven."

At the top, everything is frail, slow and thin. Power and strength are found at the bottom. By being placed at the bottom one has the privilege of "standing under" and thus paves the way for understanding to and for all that rests on top. It is the very nature of the wide to support the narrow. That which has the strength to lower itself provides protection for the frail by virtue of having access to the depths below. A great country can be great only because of its ability to serve as the base.

Lao Zi, again: "In order to embrace a small country, a great country must lower itself."

This is the law of nature, the iron pattern of history, and the unmovable foundation of ethics. Mencius also mentioned that a great state delightfully follows the Way of Heaven by respecting a small state. By going against this command, America risks the danger of losing its moral mandate as the sole superpower. It

그 강대함이 지속될 수 있다고 생각하면 그것은 참으로 어리석은 것이다. 큰 나라는 중국도 있고 브라질도 있고 캐나다도 있고, 오스트랄리아도 있다. 광막한 시베리아의 러시아도 있다. 미국이 강대국이라는 사실은 오로지 약소국들과의 관계에서만 존재하는 것이다. 즉 실체론적 사유의 한계를 벗어나, 국제관계론의 역학에 보다 본질적인 통찰을 지녀야 하는 것이다.

미국은 단순한 강대국이 아니다. 미국이 오늘날까지 미국이라는 강대국의 모습을 유지할 수 있는 것은 그 강대함에 있는 것이 아니라, 인류사가 구현하고자 하는 모든 이상적 가치를 앞서 구현하여왔기 때문이다. 그래서 나같은 천안 잿배기의 코흘리개도 어려서부터 미국을 동경하였고 그 유학의 꿈을 달래었던 것이다. 그리고 미국은 어김없이 나의 이상과 꿈을 교육을 통해 실현시켜 주었던 것이다. 트윈빌딩을 자유의 여신상Statue of Liberty이 바라보고 있다는 사실은 매우 아이러니칼하다. 자유의 여신상이 구현하고자 하는 자유는 미국만의 자유가 아니다. 그것은 인류의 보편적 가치며, 영원한 미래적 가치의 표상이다. 자유의 여신상이 지켜보는 가운데 트윈빌딩이 폭파되었다는 사실은 결국 20세기를 리드해온 미국의 자만감이 지나치게 패권주의에 흐르고, 지나치게 일방주의적 편협한 이권주의에 경도되었다는 역사적 사실의 입증이라는 가혹한 판단을 내릴 수밖에는 없다.

「자객열전」에는 한韓나라의 엄중자嚴仲子의 원수를 갚는 섭정聶政이라는 사람의 이야기가 실려 있다. 그런데 때가 무르익어 섭정이 원수를 갚으러 갈 때 엄중자가 도움이 될 만한 수레와 말, 그리고 장사들을 보태주려고 한다. 그러니까 섭정은 이 모든 보좌수단을 거부하고, 단독으로 결행한다. 그리고 원수 갚는 데 성공한다. 그리고 상대방을 죽이고 난 후 자기 얼굴가죽을 자기가 벗겨내고 죽는다. 이 섭정의 이야기는 테러리즘의 매우 중요한 속

would be foolish to assume that America will be strong forever just because of its size and muscle. Size and muscle alone do not a great country make. We have China, Russia, Canada, Brazil, and Australia. But they are not great in the sense that America is great. The fact of America's greatness is founded only within the matrix of relations between it and the smaller, weaker countries. America's greatness is not some substance independent of its relation to the rest of the world. America must go beyond the limits of such substantialistic thinking and reach a more fundamental understanding of the dynamics of international relations.

America is not just simply the biggest and the strongest kid on the block. America has been able to hold on to its leadership all this time not because it is strong, but because its strength derives from the fact that it pursued and realized ahead of everyone else the values of Universal Reason. That is why America always loomed larger than life in the imagination of even a country boy like me growing up in the world's remote corner called Chon-An, Korea. As a child, I nurtured the dream of studying in America someday. At, and through Harvard University, America gave me everything I had ever dreamed of. It is no small irony that the Statue of Liberty looks onto the Twin Towers. The promise of liberty symbolized by the great Lady is not for and with America only. That freedom is the universal ideal of all humanity as well as the horizon of hope beckoning all of us to the future with a sense of purpose. That the Twin Towers should be brought down under the gaze of the Statue of Liberty is an indictment of America's smug self-satisfaction, of its bullyism, and of its narrow and unilaterally self-serving policy maintained for much of the 20th century.

In *The Lives of Famous Assassins* we find a story of another terrorist, a certain Nie Zheng who restored the honor of Yen Zhong Zi of *Han*. It may very well have been the case that Nie Zheng was a deeply grateful to Yen Zhong Zi for some

성을 잘 나타내주고 있다. 성공하는 모든 테러는 조직을 최소화시키며, 동원되는 수단을 최소화시킨다는 것이다. 그리고 자기 얼굴을 반드시 없애버린다는 것이다.

이번의 끔찍한 테러의 놀라운 적중률의 결과는 바로 이렇게 최소한의 조직과 수단으로 결행되었다는 성격에서 유래되는 것이다. 이번 테러리즘이 방대한 조직의 일사불란한 명령체계에 의하여 감행된 사태라고는 판단키가 어렵다. 실패와 누설의 가능성이 너무 크기 때문이다. 미국 내에서 자체적으로 완결되는 모종의 X그룹의 독립세포에 의하여 이루어진 것이라고 본다면, 과연 이 X그룹을 누가 어떻게 움직인 것인가 하는 시나리오는 우리의 상상을 초월하는 복잡한 관계망의 소산일 수도 있다. 미국은 자체 내의 복잡한 관계에 의하여 자신들이 선택했고, 누구보다도 열렬한 민중의 지지를 얻은 위대한 지도자 존 에프 케네디를 가차 없이 암살해버리는 음모를 감행했다. 존 에프 케네디가 미국 자체 내의 파우어 구도 음모에 의하여 희생되었다는 사실은 미의회 보고서가 명료하게 인정한 것이다. 이러한 역사를 되풀이 해 온 미국이 전 인류에게 테러리즘에 대한 순결한 도덕적 대가를 호소해본들, 그 호소가 과연 얼마나 많은 이 지구상의 인구의 심금을 울릴 것인가?

여기 우리는 테러리즘의 발생원인에 대한 시비를 논할 여유가 없다. 우리의 급선무는 앞으로 다가올 테러리즘을 막는 일이다. 앞으로 더 이상 이러한 테러리즘의 비극이 인류사에 되풀이 되지 않기를 바라는 것이다. 그러기 위해서는 우리가 내릴 수 있는 가장 명료한 일차적 판단은 다음과 같은 것이다:

"미국은 보복해서는 아니 된다."
America should not retaliate.

unparalleled act of generosity in the past. Anyway, when the time came, Yen Zhong Zi offered chariots, horses and back-up, but Nie Zheng refused all aid. He goes solo and accomplishes his mission. And upon killing his target, Nie Zheng cuts the skin under his chin and rips his face off, and then kills himself. This story of Nie Zheng contains all the crucial ingredients that make up a terrorist act: Minimal involvement of organization in the planning, minimum number of agents in the execution, and complete erasure of authorship.

The remarkable degree of accuracy achieved in the September 11th attack was possible owing to this particular attribute of terrorism. It strains credulity to think that the attacks could have been instigated through a chain of command existing within some large organization. The possibility of failure and compromise is simply too great. The possibility of a conspiracy, namely that the deed was organized and executed within the US by some mother group 'X' directing a cell, would have to assume the involvement of a network of cooperation so vast that it would boggle the mind. Boggle, yes, but not totally paralyze. After all, a similarly complicated web of cooperation within the US did pull off a conspiracy on such a scale before. Namely, the assassination of John F. Kennedy. With a resume filled with bloody acts committed on such a scale of conspiracy, from whom can America expect genuine empathy when it demands justice in the name of morality?

We do not have the luxury to discuss the finer points concerning the aetiology of terrorism. What demands immediate attention is the question of how to stop terrorism. We can only hope that such acts of terror will not occur again. Therefore, we must accept the most obvious conclusion that lies before us, and that is: *America should not retaliate.*

"탈레반 정권에게 퍼붓는 포탄값으로 경제지원을"이라고 외치는 영국 BBC 방송의 지적은 과격하게 정직하다(『한겨레』 2001년 9월 18일자 제6면). 탈레반 정권은 결코 국제관계에 개입하여 영향을 과시하려는 집단이 아니다. 그들은 될 수 있는 대로 국제관계로부터 이탈하여 자기들만의 종교적 소꼽장난을 벌이며 오손도손 살고 싶어하는 소박한 과격주의자들 집단일 뿐이다. 탈레반을 정치적 힘의 역학 속에서 바라보는 것은 설득력이 없다. 그것은 단지 문화적 이해의 대상일 뿐이다.

요번 테러의 가장 근원적 성격은 아주 소규모의 독립된 몇 사람의 집단이 단순한 몇 개의 소도小刀로써 3차 대전에 버금가는 대전쟁을 수행했다는 상상키 어려운 사실에 있다. 이것은 21세기의 관계양상의 상징이다. 즉 우리가 살고 있는 문명 그 자체의 파괴력에 의하여 얼마든지 유사한 사태가 발생할 수 있다는 끔찍한 현실의 고발인 것이다. 즉 요번 사태의 전개는 단순한 아이디어의 전개일 뿐이며, 물리적 수단이나 조직의 동원이 아니라는 것이다. 21세기 인터넷 시대는 바로 이러한 시대라는 것이다. 다시 말해서 전쟁도 이제는 군대조직 간의 지역적 대결이 아닌 것이다. 월남전에서 미국이 참패의 고배를 마셨다면, 이미 이러한 전쟁의 성격에 대해 깊은 각성이 있어야 한다. **이제 전쟁 그 자체가 무형화되고 개별화되며 산발화되고 있다는 것이다. The war itself became amorphous, individualized, and diffused.** 무력의 과시로써 전쟁과 테러를 종식시킬 수는 없다.

20세기 미국의 강성은 히틀러의 테러리즘이 조장시켜준 것일 수도 있다는 나의 발언은 결코 허언이 아니다. 히틀러의 나치테러가 유럽의 위대한 지성들을 미국이라는 자유의 땅으로 결집시켜 주었던 것이다. 만약 앞으로의 테러가 군사시설이나 경제시설 아닌 문화시설 쪽으로 눈을 돌린다면, 미국의 문화는 곧 황폐해질 가능성이 있다. 링컨터널에서 검색을 시행하고 엠파

Many have already argued that economic aid to the Taliban is cheaper than bombing. Not to say more constructive. The Taliban government is not some ambitious organization that is in any way interested in claiming a position of influence on the international stage. On the contrary. The Taliban is merely a collective of naïve zealots who only want to be by themselves. As much as possible, the Taliban wants to remove itself from the web of international relations and be left alone to enjoy its cozy religious slumber party and secret handshakes. It is pointless to analyze the Taliban using the same algebra of power dynamics by which other powers may be gauged. The Taliban is strictly a culturally determined phenomenon, interested only in pursuing a particular cultural program for itself, albeit at the expense of the people it rules over.

The most fundamental characteristic of the terrorist act of September 11th lies in the truly unimaginable: the fact that by a mere handful of fanatics wielding box cutters the world has been forced into a state of tension one would expect to accompany an event such as World War Three. This characteristic is the very symbol of the relational mode in the 21st century. The tragic event is a reminder that something like that can occur again all too easily. Thus, as a reminder, it is also an indictment of our civilization and the potential for violence it harbors within its resources. The events of September 11th demonstrated the power unleashable in the deployment of a few ideas: Simple ideas, almost childish, not anything that would require the logistical support of some massive organization or technological backup. The 21st century has been correctly prophesied to be the age of ideas and imagination. It is already clear that wars are no longer regional conflicts to be fought by military bodies. The US should have learned, if nothing else, this very lesson from its defeat in the Vietnam War. War itself is now becoming amorphous, discrete, and diffused. It will not be possible to win the war against terrorism through firepower.

It is not an exaggeration to say that the US may very well owe its rise to pre-

이어 스테이트 빌딩을 베레모가 지킨다고 해서 해결될 문제는 정말 아닌 것이다. 미국은 대국이기에 겸손해야 할 수밖에 없다. 그것이 진정 인류의 양심들이 미국이라는 역사의 횃불에 바라는 것이다.

나는 트윈빌딩이 폭파되기 전까지 트윈빌딩 밑에서 살았다. 프랑크 게리의 건축을 구겐하임에서 보고 감명을 받고, 그날 밤 나는 트윈빌딩 사이에 누워 그 게리가 저주했던 미니말리즘의 최후의, 극상의 작품을 흠상했다. 트윈빌딩은 정말 상상할 수 없을 정도로 아름다웠다. 단순함의 위대함을 나는 만끽하고 또 만끽했다.

시골길에 짓궂은 아이들이 풀을 묶어 놓았을 때, 지나가던 사람이 서서히 걸어가고 있었다면 별 저항 없이 결초는 풀려버리고 만다. 그런데 누군가 막 급히 뛰어가고 있었다면 그 힘없는 결초에 여지없이 나둥그러지고 만다.

비행기는 747을 기준으로 말한다면 약 400t의 무게가 된다. 그런데 그 중 승객과 짐의 무게는 10분의 1 정도 밖에 되지 않는다. 그 400t의 무게의 반은 그 동체 자체의 무게요, 반은 연료의 무게다. 한번 비행하는 데 연료가 큰 드럼통으로 약 2000개가 들어간다. 그리고 비행기 연료는 옥탄가는 높지만 휘발유보다는 휘발성이 약한 경유에 가까운 성질의 것이다. 그 연료는 날개와 날개에 연접된 동체 하단에 엄청나게 저장되어 있다. 이 거대한 연료통이 시속 800km로 어떤 물체에 부닥쳤다고 가정하면 그 에너지는 원폭에 비유할 만한, 가공의 것이다.

트윈빌딩은 1962년 3월 공식적으로 포트 오토리티Port Authority의 프로젝트로 등장했다. 그리고 그것의 설계를 맡은 사람은 미시간 베이스의 일본계 건축가 야마사키 미노루Yamasaki Minoru였다. 야마사키는 일본의 전통

eminence in the 20th century to Hitler's terrorism. It was, after all, Hitler's policy that drove so many of Europe's best minds to America. It is by no means far fetched to think that the US could become an intellectual wasteland overnight if future terrorists were to target cultural and educational facilities instead of economic or military ones. All the search and inspection in the Lincoln Tunnel, or Green Berets guarding the Empire State building will ever dissipate the threat of terrorism. America must be modest *because* it is *the* superpower. Such modesty is the kind of enlightened and enlightening magnanimity that the conscience of the world expects to see in the torch of liberty that is America.

Just prior to the explosion, I lived under the Twin Towers. I went to see at the Guggenheim an exhibition of Frank Gehry's work. I was greatly impressed. And, funny enough, it was Gehry's attempt to overcome the excesses of minimalism in modern architecture that inspired me to go see one of the last great works of minimalism, the World Trade Center. That evening, I lay between the Twin Towers and appreciated what Gehry so scorned. The Twin Towers were beautiful beyond description. That evening, under the stars, I bathed in the Grandeur of the Simple.

For pranks, children out in the country like to tie up blades of grass together to trip up people running through the field. If you walk slowly, you can walk right through the knots without even noticing. But if you run, watch out! Those delicate blades of grass will have you on your face in no time!

A 747 weighs about 400 tons. Passengers and cargo make up only one tenth of its total weight. Out of 400 tons, half is the weight of the fuel alone. A single trans-oceanic flight requires about 2,000 barrels of fuel. Jet fuel is higher in octane than gasoline but lower in combustibility. Most of the fuel is stored inside the hull and in underside of the wings. At 500 miles per hour, the detonation power upon impact of a 747 is equivalent to a small atomic bomb.

적 내진 건축법이 그러하듯이 중간에 거대한 철골을 주축으로 하고 제일 가장자리 사각의 철골 자체를 강하게 엮어 나갔다. 이 건물은 기다란 네모 튜브 같이 속이 텅 빈 구조이며 그렇게 함으로써 중간에 잔 기둥들을 없앨 수 있었고, 공간의 효율을 극대화시킬 수 있었던 것이다. 그것은 거대한 강철격자의 화엄적 결구였던 것이다. 이 결구 속에 거대한 폭발과 함께 공동이 생겼고, 그 공동 속으로 호리존탈 빔들이 함몰되면서 그와 결속된 버티칼 빔들이 차례로 무너져 내렸다. 그 공동은 철골 화엄구조 속의 블랙홀이었다.

나는 테러리즘이 근절되어야 한다는 제1의 명제와 함께 미국은 보복해서는 아니 된다는 제2의 명제를 말했다. 내가 말하고 싶은 제3의 명제는 이것이다: "**인생이란 참으로 허무한 것이다.** Life is ultimately meaningless."

내가 그 며칠 전 트윈빌딩 사이에 드러누워 그 미니말리즘 예술의 직선을 흠상하고 있었을 때 폭발이 일어났을 수도 있었다. 세계무역센타 제 1빌딩의 107층에는 윈도우즈 온 더 월드Windows on the World라는 유명한 레스토랑이 있다. 그곳에서 쉐프 미카엘 로모나코Michael Lomonaco가 정교하게 준비한 음식을 먹으면서 바라보는 허드슨 강 어구의 장관은 정말 아름답다고 표현하기에는 너무도 외경스러운 것이다. 끊임없이 펼쳐지는 바다와 뉴져지의 해안선을 따라가면서 한가롭게 나부끼는 요트들의 흰 돛을 바라보는 느낌은 한운고학閒雲孤鶴의 경지라 해야 할 것이다. 그날 내가 그곳에서 식사를 하고 있을 때 이런 사건이 발생했다면? 더 이상의 불경스러운 묘사는 삼가고 싶다. 노암 촘스키Noam Chomsky, 1928~의 말대로 테러리즘의 일차적 희생자는 열심히 일하는 무고한 사람들이다: 수위들, 비서들, 소방관들 …… The primary victims, as usual, were working people: janitors, secretaries, firemen, etc. 나는 이 순간 우리 모두 그 희생자들이 우리 자신일 수 있다는 생각 속에 모든 것을 묵상할 수밖에 없다고 생각한다. 그 영

The World Trade Center appeared on the New York skyline in March of 1962 as a New York Port Authority Project. The architect was an American of Japanese descent, Minoru Yamasaki. In designing the structure, Yamasaki used a technique commonly found in traditional Japanese architecture: a large central service core performing as the main column, with reinforced steel columns along the perimeter. The building was essentially a large hollow tube with another hollow tube inside. This allowed the floors to be free of internal columns, thus maximizing usable floor space. It was, in a sense, a Buddhistic structure. Hwa-Yen Buddhistic, to be exact: A hollow-core metallic cosmos of structural reticulation in a state of absolute mutual interdependencies. But at the moment of explosion, the hollow core became, as it were, an abyss into which fell the horizontal beams causing the floors to then collapse one on top of the other. The central core had become a black hole within that Hwa-Yenesque lattice structure.

I have spoken of two facts: First, the need to eradicate terrorism and two, the imperative that the US not retaliate in order to achieve the first. I am compelled to speak of another fact, and that is this: Life is like a bubble.

The attack could have occurred just as easily while I was lying between the Twin Towers, enjoying the thrill of minimalism. Why not? Or, I could have been up on the 107th floor at the Windows on the World enjoying the view. The pleasure of taking in the view of the Hudson River while savoring Chef Michael Lomonaco's fabulous dishes is beyond words. Looking out onto the infinite sea and watching the yachts with their white sails going back and forth along the New Jersey coastline is an experience one can never forget. And if the planes had crashed into the tower while I was dining? What then? It makes me shudder to imagine even. As Noam Chomsky said, the primary victims, as usual, were working people: janitors, secretaries, firemen, etc. We cannot but think that "but for the grace of God" there go I. We can do nothing more than hope to appease the departed spirits of the victims by taking on the responsibility for humanity's

혼들에게 우리 인류의 참혹한 죄업을 무릎꿇고 비는 수밖에 없다.

모든 언어가 무기력한 이 참혹한 현실 앞에 우리가 선택할 수 있는 최선의 방도는 전쟁 아닌 평화를 시위하는 것이다. 그리고 나를 교육시켜 준 미국의 양식은 아직도 굳건히 살아 있다고 믿고 싶다.

2001년 9월 26일 오후 5시 반 탈고

【追記】

요번 트윈·펜타곤 폭파사건을 바라보면서 느끼는 두 가지 점만을 여기 덧붙이고자 한다. 제1의 논제는 한국의 언론의 대응이다. 트윈폭파사건 이후 이 세계를 실망시킨 것은 부시의 언변의 천박함이고, 또 무엇보다도 천편일률적인, 자기반성이 전무한 미국언론의 유치무쌍한 강변과 광변이었다. 이것은 물론 사태의 심각성과 그 충격의 감정적 반향의 관성체계를 고려한다면 너무도 당연한 본능적 현상일 수도 있다. 그러나 언론은 최소한 어느 경우에도, 어떠한 시급한 상황에도, 전체를 생각해야하며, 역사를 리드하는 지도적 입장에서 모든 문제를 전관全觀하며 조망하는 거리를 지녀야 한다. 언론은 본능일 수 없다.

이에 비한다면, 한국언론은 대체적으로 균형있는 거리감각을 가지고 사태를 정확히 조망하는 성숙한 자세를 보여주었다. 특히 『한겨레』에 연속적으로 등재된 논설들은 모두 인류보편사적인 공평한 감각과 인류애와 평화

crimes and beg for their forgiveness.

Faced with a reality that would deny language the power of just speech(parrhesia), we have no choice but to choose the path of peace over war. I want to continue to believe that America, the country that made it possible for me to actualize my ideals, will once again raise for the world the torch of conscience to light the path to just action.

【Post Scriptum】

Mr. Bush's disappointingly shallow speech and the American mass media's hysterically defensive posturing throughout the whole coverage following the incident deserve comment. Considering the seriousness of the situation and the magnitude of the shock, it was perhaps a perfectly instinctual reaction. But under any case, no matter how unstable the situation, the mass media must never forsake its responsibility to be balanced in its mission to show the "big picture". As the body responsible for recording and shaping the view of history, the mass media must maintain its critical distance at all times. Mass media cannot operate on instinct.

My second comment concerns the poverty of American philosophy. If my first point was an indictment of the absence of freedom of speech in the mass media – either because freedom was curtailed or because the media failed to make full use of that freedom – then, my second point concerns a problem even more fundamental. Namely, the impotence of

의 염원을 일깨워 주었을 뿐 아니라 그 논리의 전개도 매우 정연했다. 나는 한국언론의 성숙한 모습과 희망있는 비전을 한겨레신문과 경향신문, 두 신문사의 최근 동향에서 찾을 수 있었다. 나의 구구한 논설이 따로 있을 필요가 없다고 느껴졌다. 계속 분투해주기를 갈망한다.

그러나 문제는 이러한 사태가 자국에서 발생했다면 한국의 언론이 과연 그러한 즉각적인 거리감과 균형감을 유지할 수 있겠냐 하는 것이다. 물론 유지할 수 있어야 함은 물론이다. 인류애의 보편주의를 떠난 모든 애국주의는 저급한 테러리즘의 변형일 뿐이다. 나는 이러한 사태를 통해 한국언론이 보편주의에 대한 감각을 본질적으로 학습해가기를 갈망하는 것이다.

나의 두 번째의 논제는 미국사회의 철학의 빈곤성이다. 제1의 논제가 미국이라는 자유사회에 실제로 언론의 자유가 부재하다는 현상의 고발이라고 한다면, 나의 제2의 논제는 더 근원적인 문제, 즉 사상 그 자체의 빈곤성에 관한 것이다. 미국에는 현재 철학이 없고 예술만 있다. 즉 맨해튼에서 활개를 치는 사람은 예술가들이요 사상가들이 아니다. 그러나 예술가들이란 근원적으로 인간의 현실적 삶을 엔터테인하는 사람들이요, 이벤트성의 유통구조에서 활동하는 사람들이며, 인류역사에 대한 근원적인 책임감을 소유한 사람들이 아니다. 역사적 현상을 후속적으로 진단하거나 해석하거나 심미적으로 표현할 뿐, 그 역사에 대한 강력한 가치판단을 가지고 그 역사를 리드하는 사람들이 아니다. 역사를 리드한다는 생각은 그들에게는 망념이요 독단이다.

미국에는 물론 다양한 가치관을 가진 학인들이 많이 있다. 그러나 이 모든 학자들이 미국의 삶이 편하기 때문에, 미국이라는 문화환경이 그들에게 학문을 할 수 있는 편의를 제공하기 때문에 머무르고 있을 뿐이다. 그들은

American philosophy. Today in America, you have art but no philosophy. The most active people in Manhattan today are artists and performers, not thinkers. But artists and performers do not feel the burden of responsibility for human history. Their work excites, titillates, entertains, and causes one to marvel. Their work takes historic phenomena after the fact in order to diagnose, interpret, and represent aesthetically. The work of artists is not fundamentally to change history but to react to it. To artists, the very idea that history can be led is either a delusion or a dogma.

Intellectuals in America profess a vast array of diverse value systems. Scholars continue to flock to the US because America provides some of the best environmental conditions for intellectuals. However, scholars in America would just as soon avoid taking on the responsibility for the engine of history that is America. The reason for this may be found in the fact that America itself is synonymous with rejection of the notion of tradition and of taking root. America is stabilized mobility itself. In America today, you have thoughts but no thinkers. Without embodiment of thought in lived experience, abstract thought remains forever impotent. Western philosophy today is on a treadmill inside a prison house of abstraction.

Greek philosophy was born in the *polis* and bears the polemical character of the city-state. Greek philosophy, and Western philosophy in general is the continuation of the tradition of *polemos* by other means. As war philosophy, Western philosophy fundamentally lacks tradition of peace. This is the tragedy of the West as well as its greatness. If the West fought against the limit of common sense and unaided perception to achieve for all of humanity an unprecedented level of rational understanding of the material world, it also fought against and decimated many a tradition whose living wisdom has been lost to humanity forever. The fight must continue, but not the violence.

America has produced giants of peace in the past. Martin Luther King

미국이라는 역사에 대한 책임을 기피한다. 미국이라는 토양은 뿌리를 거부하는데 그 근원적 특성이 있기 때문이다. 미국에 사상은 있으되 사상가가 없다. 가家라는 구현체를 얻지 못한 추상적 논리체계는 아무런 힘을 발휘하지 못한다. 서양철학은 어떤 추상적 논리의 감옥에 갇혀버린 시체와도 같은 것이다.

희랍철학은 근원적으로 전쟁철학이다. 희랍철학으로부터 출발한 서양철학이 근원적으로 오늘과 같은 사태에 대해 심도 있는 발언을 하지 못하는 현상은 결국 실체적 사유의 구극적 한계와도 상통하는 것이다. 서양철학은 평화의 전통을 근원적으로 결여하고 있는 것이다.

이러한 나의 언론은 매우 편파적일 수 있다. 그러나 이러한 편파적 언론이 그 진가를 테스트 받는 것은 오로지 역사의 실천력 속에서 판가름 나는 것이다. 불교는 기나긴 인류의 역사를 통해 대규모 전쟁의 주체가 되어본 적이 없다. 불교는 종교전쟁을 일으키지 않았다. 이슬람도 유대교전통의 한 변형이다. 그리고 기독교도 유대교의 지류적인 변형이다. 우리 인류는 이 헤브라이즘 전통의 실체주의·초월주의가 저질러 온 죄악을 보다 깊게 통찰하지 않으면 안 된다. 〈終〉

was the most recent soldier of peace belonging to that great tradition of righteous resistance embodied in the works and lives of Emerson, Thoreau, Dewey, and many others.

In this "state of war", no American philosopher has come forth to address the American public. That no American philosopher can convince the public — or has been given the chance to — to a just course of action points to a turning away from the great American tradition of peace and social conscience in the form of Transcendentalism, Unitarianism, Quakerism, and Shakerism.

"The government that governs least governs best."

Despite its long history, Buddhism has never played a role in a major war. Buddhism has never started a war of religions. This is because Buddhism does not put the premium on belief alone but on enlightened awareness. Buddhism denies the existence of any permanent substance including the Self (Atman) whose name must be defended against all non-believers. But then, Buddhism has never spurred anyone to imagine the possibility of going to the stars. America, as the Mother Reservoir of nations and cultures, has accepted the trickle of Buddhism to gather within its bosom. Many Americans are now awakening to the possibility of imagining a new future for mankind forged out of many traditions: An alloy of humanity and tradition never before achieved by any single culture alone.

If we live in a time that does not allow us the illusion of the existence of some Supernatural Guarantor of meaning, we may find solace in the fact that nothing condemns us to Fate. We do not have to be like Sisyphus. We could just leave the boulder and move on. The boulder is only in the mind, anyway.

MASSACHUSETTS INSTITUTE OF TECHNOLOGY

E39-219
Department of Linguistics and Philosophy
Cambridge, Massachusetts 02139

January 17, 2002

Dear Prof. Kim,

Thanks you for having your interesting article on the proper response to terrorism sent to me. It is noteworthy that there is near-universal agreement with your thesis that it is wrong to respond to terrorism; that would include, I am sure, the author of the remarks you cite in your letter. We can demonstrate very easily. Consider, for example, a completely uncontroversial case: the US terrorist war against Nicaragua, uncontroversial because of the judgement of the International Court of Justice condemning the US for international terrorism and ordering it to terminate the crime(which it instantly escalated), and the supporting Security Council resolution calling on all states to observe international law(of course vetoed by the US, Britain abstaining). Those acts of terrorism went far beyond even the atrocities of Sept. 11, leaving tens of thousands killed and the country devastated perhaps beyond recovery. But no one that I've ever heard of suggested that Nicaragua was entitled to carry out bombings in Washington and New York. Or to do anything, in fact.

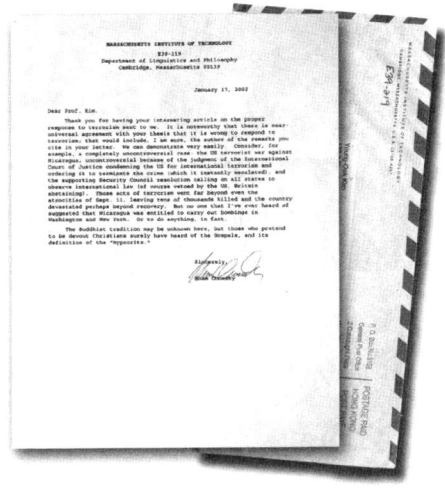

The Buddhist tradition may be unknown here, but those who pretend to be devout Christians surely have heard of the Gospels, and its definition of the "hypocrite."

Sincerely,
Noam Chomsky

김 교수님께,

테러리즘에 대한 미국의 정당한 반응을 촉구하는 재미있는 기사를 저에게 보내주신 것에 대하여 감사의 말씀을 전합니다. 테러리즘에 대하여 보복적 대처를 하는 것이 근본적으로 적절하지 못하다는 김 교수님의 테제에 대해서는 이미 거의 보편적인 동의가 성립해 있다는 것은 주목할 만한 사실입니다. 아마도 교수님께서 편지 속에서 인용하신 「자객열전」을 쓴 사마천과 같은 사가도 그러한 테제를 받아들이고 있는 사람이라고 나는 확신합니다. 이러한 테제의 정당성은 우리가 쉽게 논증할 수 있습니다.

자아~ 일례를 들자면, 우선 아주 완벽하게 논란의 여지가 없는 하나의 사례를 들어보지요: 미국은 니카라구아의 우파반군을 지원하여 니카라구아의 공산정권에 대하여 테러를 감행하는 잔인한 전쟁을 치렀습니다. 이 테러전쟁은 국제사법재판소에서 미국이 국제적으로 저지르는 테러행위에 대하여 미국을 정죄하고 그러한 범죄를 종료할 것을 명령하는 판결을 내렸다는 맥락에서 보면 명백하게 논란의 여지가 없는 사례입니다. 그런데도 당시에 미국은 니카라구아에 대한 테러행위를 계속 더 자행하기만 했습니다. 유엔 안전보장이사회는 미국의 입장을 저지하기 위하여 모든 국가가 국제법을 준수할 것을 촉구하는 결의안을 통과시켰습니다. 물론 미국은 비토를 했고 영국은 기권을 했습니다.

이 니카라구아의 반군을 지원하여 자행한 미국의 테러리즘의 행동들은 뉴욕의 9·11테러의 잔악성과는 비교도 안되는 훨씬 더 잔악한 성격의 것이었습니다. 갓난아이들을 바위에 던지고, 여인들의 젖가슴을 도려내고, 그들의 얼굴가죽을 벗겨내어 피흘리는 채로 다리를 묶어 거꾸로 매다는가 하면, 인민들의 머리를 도끼로 잘라 말뚝 위에 올려놓는 등, 너무도 잔인하고 사디즘적 고문이 자행되었습니다. 이렇게 해서 수만 명이 죽고, 니카라구아는 다시 회복될 수 없는 수준으로 황폐화되었습니다. 그런데도 저는 어느 누구로부터 니카라구아야말로 워싱턴과 뉴욕에 폭탄을 던질 자격이 있다고 주장하는 것을 들은 적이 없습니다. 최소한 그에 상응하는 어떠한 보복이라도 할 수 있다는 소리를 듣지 못했습니다.

교수님께서 언급하신 불교의 비폭력주의는 서방세계에서는 잘 알려지지 않은 역사적 사실일지도 모르겠습니다. 그러나 진실하고 헌신적인 기독교인임을 자처하는 많은 사람들이 분명히 복음의 의미를 들었을 것입니다. 그리고 예수가 위선자, 외식하는 자를 정죄하는 소리를 들었을 것입니다. 그럼에도 그들의 "위선"은 계속되고 있기만 합니다. 안녕히 계십시오.

2002년 1월 17일
노암 촘스키

沃案 노암 촘스키 교수가 나에게 보낸 사신私信은 매우 압축되어 있기 때문에 그냥 읽어서 다 이해될 수 있는 문장이 아니다. 그래서 나는 그 편지를 자세히 풀어서 번역하였다. 그의 니카라구아에 대한 언급도 그의 저서인 『엉클 샘이 진정 원하는 것이 무엇인가? *What Uncle Sam Really Wants*』의 내용으로부터 약간 보완하였다. 9·11테러리즘의 슬픈 현실에도 불구하고 미국이 그동안 자행한 테러리즘의 잔혹한 수준을 상기 시키면서 미국인의 자성을 촉구하는 그의 논변은 한국인의 감각에서는 상상할 수 있는 양심발언의 수준을 뛰어넘는다. 과연 한국의 지성인 어느 누구가 한국에 자행된 테러에 대하여 그토록 직설적이고도 객관적인 맥락에서 선·악을 논할 수 있겠는가? 촘스키라는 거짓없는 지성의 치열한 논리에 머리를 숙이지 않을 수 없다.

다음은 미국 철학계의 가장 거대한 인물로 꼽히는 리차드 로티 Richard Rorty가 나의 글을 읽고 나에게 보낸 편지를 소개한다. 로티 교수의 반응은 촘스키의 반응과는 매우 대조적이다.

DEPARTMENT OF COMPARATIVE LITERATURE
STANFORD UNIVERSITY
Stanford, California 94305-2031

Richard Rorty
Professor of Comparative Literature
Pigott Hall, Bldg. 260
Room 232

Office Phone: 650-725-8646
Dept. Phone: 650-723-3566
Dept. Fax: 650-725-4090
Email: rrorty@leland.stanford.edu

Dear Prof. Kim,

Thanks very much for sending me "Oullim Syncacophony" and your reflections on September 11. I agree that it may now be too late for publication of the latter piece in English. But there is the further problem that American readers do not think of the attack on the Taliban as retaliation so much as they think of it as a way of preventing further terrorist attacks. They think that their government has a duty to stop the Al-Queda people from doing again what they did to the American embassies, the destroyer Cole, the World Trade Center, etc.

So it would not be in point to discuss non-retaliation without saying something about what our attitude, or the attitude of our government, should be toward a continued series of similar attacks. I am afraid that your suggestion that we help the Taliban pursue its cultural ends at the expense of their unwilling subjects will be treated as suggesting that we should have helped Stalin and Hitler pursue their cultural ends at the expense of Europe.

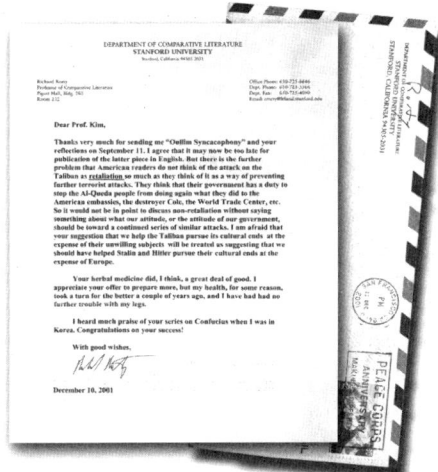

Your herbal medicine did, I think, a great deal of good. I appreciate your offer to prepare more, but my health, for some reason, took a turn for the better a couple of years ago, and I have had had no further trouble with my legs.

I heard much praise of your series on Confucius when I was in Korea. Congratulations on your success!

With good wishes,

December 10, 2001

친애하는 김 교수님께,

김 교수님께서 나에게 디자인예술에 관한 시론인 「어울림산조」라는 논문과 9·11사태에 관한 김 교수님의 반추적 사려를 담은 글을 보내주신 것에 대하여 깊은 감사를 드립니다. 9·11사태에 관한 교수님의 영어 문장을 어느 잡지엔가 실으려고 생각해보아도 그것은 이미 시기가 늦었다는 생각에 나는 동의합니다. 그러나 실상 그보다도 더 중요한 문제가 교수님의 문장 속에 내포되어 있습니다. 미국의 독자들은 9·11 이후에 미국이 탈레반을 공격한 것을 교수님이 말씀하시는 "보복"으로 생각하지 않을 것입니다. 그들은 탈레반공격을 앞으로 더 있을 수 있는 테러공격을 예방하는 현명한 조치로서만 생각할 것입니다. 미국의 인민들은 그들의 정부가 알카에다의 사람들이 그들이 미국 해외공관이나 구축함 콜이나 세계무역센터 쌍둥이빌딩 등등을 공격하는 그런 불미스러운 짓들을 하지 못하도록 막는 것이 정부의 절대적 의무라고 생각합니다. 그러기 때문에 교수님께서 우리 국민들의 태도나 우리 정부의 태도가 앞으로도 닥쳐올 수 있는 일련의 연속된 공격에 대하여 어떻게 대처해야 하는지에 관한 것을 언급하지 않은 상태에서, 무조건 "비보복의 평화철학"을 운운하는 것이 전혀 적절한 논점이 아니라고 생각할 것입니다. 나 역시 교수님의 생각, 그러니까 탈레반이 그들의 반항하는 인민들을 희생시켜 가면서 그들의 문화적 가치나 목적을 추구하는 것을 미국이 도와주어야 한다는 교수님의 제안은, 미국이 스탈린이나 히틀러가 유럽을 희생시켜가면서 그들의 문화적 가치나 목적을 추구하도록 도와주어야 한다는 것을 제안하는 것과 동일한 차원의 제안으로 해석될 수 있다고 생각합니다.

제가 한국을 방문하였을 때 교수님께서 주신 한약은 신비롭게도 나의 다리를 강건하게 만드는 데 큰 효험이 있었습니다. 그 초본약을 더 주시겠다는 제안은 감사합니다. 그러나 나의 건강은 정확한 이유는 모르지만 요 몇 년 사이로 좋은 방향으로 진행되었습니다. 저는 지금 다리가 약해서 고생하는 그런 문제는 없습니다.

제가 한국에 있을 때 학인들이 공자와 유교에 관해서 교수님께서 발표하신 글과 책을 칭송하는 소리를 많이 들었습니다. 그러한 교수님의 성공은 매우 축하할 일입니다. 앞으로도 학문에 큰 정진이 있으시기를 축원합니다.

리차드 로티
2001년 12월 10일

沃案 우리나라 철학계, 그리고 세계 철학계에서 리차드 로티를 모르는 사람은 없다. 그만큼 미국 철학계를 대변하는 거장이다. 시카고대학과 예일대학에서 철학을 공부한 그는 프린스턴대학 철학과 스튜아르트 석좌교수, 버지니아대학 케난 석좌교수, 스탠포드대학 비교문학 교수를 역임하였는데, 2007년 6월 8일 애석하게도 76세를 일기로 타계하였다. 그는 한국 철학계와 대우학술재단의 초청으로 1996년 12월에 한국에 와서 여러 강연을 행하였는데, 그때 우리 집에 와서 나와 함께 저녁을 나누며 담론한 적이 있다. 그는 분석철학의 대가이지만 분석철학의 고정관념을 타파하고 인간의 언어가 객관세계를 표상하는 진리의 기준이 될 수 없다고 주장하여 네오프래

그머티즘의 새로운 길을 개척하였으며 미국 철학계를 대변하는 거장이 되었다. 그는 철학적, 과학적 방법이 우연한 한 세트의 어휘집합에 불과하다는 것을 주장했다. 그것은 끊임없이 사회적 관습이나 유용성에 따라 포기되거나 새로 유입되거나 하면서 변화하게 마련이라는 것이다.

로티는 여러 면에서 매우 진취적인 철학적 견해를 가지고 있는 사람인데, 여기 편지를 보면 미국의 철학이라는 것 자체가 얼마나 좁은 정보의 테두리에서 머무는 말장난인가 하는 것을 알 수 있다. 근원적으로 객관적 지식이 부족한 것이다. 그리고 미국이라는 정치권력의 실상을 절대적인 선善으로 이미 출발점에 놓고 생각하고 있다. 탈레반이 죄악이라고 한다면 탈레반이야말로 애초에 미국의 불법적 자금이 만들어놓은 죄악이다. 탈레반의 횡포에 대하여 전적으로 미국이 책임이 있다. 철학자 로티와 언어학자 촘스키를 비교하면 누구의 논리가 더 정확한 진리를 반영하고 있는지 독자들이 쉽게 판단할 수 있을 것이다. 언어는 진리의 거울이 아니라고 말하는 그의 네오프래그머티즘적인 언어철학의 실상은 이 세계에 대한 기초적 상식조차도 갖추고 있질 못하다.

나의 아규먼트를 "히틀러·스탈린 도우기" 운운하는 수준의 논리로 저급화시키는 그의 논변은 평론이나 분석의 대상이 될 수 있는 하등의 가치를 존存하지 못한다. 천박한 상식의 허구적 논리를 넘어서는 엄밀한 지적 탐구를 결여하고 있는 것이다. 그의 철학서에 담긴 현란한 논리보다 이 한 장의 편지가 오히려 그의 철학의 정확한 자리매김 역할을 할 것이다.

【후기後記】

요즈음 나는 한신대 신학대학원에서 『노자』를 강의하고 있다. 그 첫 장에 이런 말이 있다: "언제나 무욕無欲하면 그 묘妙를 살필 수 있고, 언제나 유욕有欲하면 그 교徼를 살필 수 있다." 묘妙라는 글자에 대하여 왕필王弼은 이런 주석을 내렸다: "그것은 미묘함의 극치이다. 妙者, 微之極也." 묘라는 것은 우주와 인생에 관한 모든 문제의 핵심에 관한 것이다. 그런데 그 핵심으로 직입하기 위해서는 반드시 "욕欲"을 버려야 한다는 것이다. 올 일년 대선의 핵심은 결국 그 누가 "무욕無欲"을 실천할 수 있는가, 그 한마디로 귀결된다고 나는 감언한다. 사실 나는 『노자』 제1장의 그 한 구절을 우리 민족 모두에게 각인시키고자 이 책을 썼다.

이 책은 미국문명에 대한 우리 인식의 회전을 처절하게 요구한다. 그러나 이 책은 결코 반미국적인 책은 아니다. 나는 미국과의 우호가 우리 민족의 미래를 위하여 너무도 중요한 과업이라고 생각한다. 그러나 우호와 그 우호를 위한 우리의 세계인식의 변화는 근원적으로 차원을 달리하는 것이다. 인류의 21세기 세계질서는 냉전을 축으로 했던 20세기와는 전혀 다른 양상으로 전개되고 있다. 그 전개에 보조를 맞추기 위해서는 남·북의 공조를 모든 사태의 핵에 놓고 고민해야 한다. 우리 민족이 스스로 우리 민족사의 주축세력이 되어 세계를 회전시켜야 한다. 그만큼 우리는 성장했다. 이제 우리는 우리 자신의 리얼한 삶의 문제를 우리 철학의 과제로 삼아야 한다.

일본군의 기관총이 작열하던 그 죽음의 언덕, 공주 우금치로 끝없이 끝없이 돌진하던 동학농민군의 외침을 기억한다: "**보국안민**輔國安民."

도올의 아침놀

2012년 10월 15일 초판발행
2012년 10월 22일 1판 2쇄

지은이 도올 김용옥
펴낸이   남호섭
펴낸곳   통나무

서울특별시 종로구 동숭동 199-27
전화: 02) 744-7992
출판등록 1989. 11. 3. 제1-970호

ⓒ Kim Young-Oak, 2012   값 9,000원
ISBN 978-89-8264-126-8 (03100)